《山西文華》編纂委員會　編

山西文華·史料編

平陽府志

清康熙版　第六册

卷二十三（上、中）

劉益令◎整理

山西出版傳媒集團
三晉出版社

山西文華

平陽府志卷之二十三

人物

賢聖篤生河東爲盛其在唐虞羲和皐稷皆昔賢所稱一人足當億兆者也嗣是以來名卿巨儒肩比踵接道德事功文章節義其足耀當時而法後世者代不絕書褒而著之亦化民成俗之助也顧自明以前考信易而鱗次難自明以後蒐羅難而摭實尤不易舊乘所載終於明穆宗之世蓋距今百三十年矣其間紀傳未詳傳聞鮮據討文咨獻考覈頗勤登其可信者如干人典型

不遠願與生茲土者共嚮往焉作人物志

按郡屬自上古迄元疆域遞更稱名亦異人物難以地別故統隸平陽而分系州縣斷自明始

上古

風后 鮮州人明天道黃帝得六相而天下治風后其一也今鮮州西南一百六十里蒲州風陵鄉趙村有風后墓因號風陵渡

蒼頡 黃帝左史生而四目能書受河圖綠字見鳥獸蹄跡體類象形因制文字以代結繩今平陽府南門外西趙村地相傳爲蒼頡故宅

唐虞

羲氏 和氏 皆堯曆官

后稷名棄爲兒時以種麻菽戲成人遂好耕稼别五土之宜堯舉爲農師以教稼封於邰曰有邰氏今稷山有后稷陵姜嫄墓

皐陶名庭堅爲虞士師執法明允今洪洞縣南十五里皐陶村有塚

伯益顓頊之裔仕唐虞爲虞官能馴草木鳥獸今太平縣治北一里有伯益碑再北二里有伯益廟東北三十里伯闠有伯益塚

夏

關龍逄夏大夫事桀進諫曰君用財若無窮殺人若不勝民惟恐君後亡盡少悛桀曰吾有天下猶天有日日亡吾乃亡遂囚逄而殺之

奚仲夏大夫明度數以正國儀建旌旄以定車制

商

巫咸　巫賢咸相太戊修成湯之政子賢相祖乙時河決於相王舉賢爲相遷於耿諸侯賓服今夏縣有巫咸祠

傅說　傅巖在虞虢郎今平陸說賢而隱常代胥靡版築武丁夢帝賚良弼得說於傅巖惟肖立爲相

周

芮良夫　即芮伯厲王時爲大夫王悅榮夷公良夫作桑柔之詩以刺之

師服　晉人穆侯時大夫穆侯以條之役生太子名曰仇以千畝之戰生其次名曰成師師服諫曰異哉君之名子也始兆亂矣兄其替乎後成師子孫殺文侯仇子孫殆盡逆亂皆如其言

欒賓　晉靖侯之孫也初桓叔爲曲沃伯賓傅之食邑於欒故以爲氏

士蔿晉人獻公時爲大夫嘗勸申生爲吳泰伯猶可以遠難及爲重耳夷吾築城不愼公讓之退而賦曰狐裘厖茸一國三公吾誰適從知難將作也

史蘇晉人爲太史遂以史爲氏獻公卜伐驪戎蘇占之曰勝而不吉公不聽遂伐之獲驪姬以歸立爲夫人蘇曰晉以男戎勝戎而戎亦必以女戎勝晉後驪姬果搆禍君子謂蘇知難本矣

趙夙其先造父善御事周穆王賜邑趙城故以爲氏夙事獻公爲將滅耿霍魏以耿賜之

卜偃晉人爲掌卜大夫獻公使荀息伐虢圍上陽問偃曰吾其濟乎對曰克之童謠曰丙之辰龍尾伏辰均服振振取虢之旂鶉之賁賁天策焞焞火中成軍虢公其奔其九月十月之交乎如期滅之

里克晉人獻公時爲大夫公使申生伐東山克諫曰太子奉社稷之粢盛以朝夕視君膳者也帥師非太子事也公不聽克退見太子曰爲人子者懼不孝無懼不得立修己而不責人則免于難

杜原欵 晉人申生之傅也以毒胙之事獻公殺之將死使告申生曰君子不去情不反讒讒行身死可也猶有令名焉孺子勉之

申生 晉獻公世子母齊姜卒獻公以驪姬爲夫人生奚齊其娣生卓子及將立奚齊姬謂太子曰君夢齊姜必速祭之太子祭于曲沃歸胙于公公田姬寘諸宮六日公至毒而獻之公祭之地地墳與犬犬斃與小臣小臣亦斃姬泣曰賊由太子太子奔新城公殺其傅杜原欵或謂太子子辭君必辯焉太子曰君非姬氏居不安食不飽我辭姬必有罪君老矣吾又不樂曰子其行乎太子曰君實不察其罪被此名也以出人誰納我十二月戊申縊于新城謚爲恭君

畢萬 晉人畢公高之後爲獻公將滅耿霍魏還以魏賜萬因以邑爲氏

狐突 晉大夫懷公立時突之子毛及偃從重耳亡在秦公執突曰子來則免對曰子之能仕父教之忠古

之制也今臣之子名在重耳若又召之教之貳也莅刑以逞誰則無罪臣聞命矣遂伏劍死

荀息晉人初獻公使荀息傅奚齊公疾召之曰以是藐諸孤辱在大夫其若之何對曰臣竭其股肱之力加之以忠貞其濟君之靈也不濟則以死繼之及里克將殺奚齊先告荀息曰三怨將作秦晉輔之子將何如荀息曰將死之里克曰無益也荀叔曰吾與先君言矣不可以貳十月里克殺奚齊於次荀息將死之人曰不如立卓子而輔之荀息立公子卓十一月里克殺公子卓于朝荀息死之

宮之奇虞人仕虞晉獻公伐虢假道於虞之奇諫不聽謂其子曰虞不臘矣吾不去懼及焉以其孥適西山墓在平陸

百里奚虞人仕虞知虞公不可諫遂去之秦穆公與語大悅授之國政號曰五羖大夫今墓在猗氏

郤芮晉人獻公時爲大夫食邑於冀謂之冀芮驪姬之亂奉公子夷吾出奔獻公卒芮因秦齊之師納夷

吾於晉是爲惠公

祖朝 晉獻公時上書曰草茅臣祖朝願請聞國家之計獻公使使告之曰肉食者已慮之矣藿食者尚何與焉朝對曰肉食者一旦失計於廟堂之上若臣等之藿食者寧無肝膽塗地於中原之野與臣安得無與國家之計乎獻公乃召見立以爲師

呂飴甥 晉人惠公時爲大夫食采於陰謂之陰飴甥秦穆公伐晉執惠公飴甥會穆公於王城惠公歸

共華 晉人惠公時丕鄭之自秦反也聞里克死見共華曰可以入乎共華曰二三子外而不及子使于秦可乎哉丕鄭入君殺之共賜謂共華曰子行乎共及也共華曰夫人之入吾謀也將待也賜曰孰知之共華曰不可知而背之不仁謀而困人不智困而不死無勇任大惡三行將安之子其行矣我姑待死

狐偃 偃與兄毛從亡十九年比文公定王室宣信諸侯而覇天下大抵多偃謀偃突之子即舅犯也

趙衰事公子重耳驪姬之難從重耳出奔狄及反國及霸多出其謀襄王命爲上卿先後三讓其功不愧其祖夙

李離晉文公之理也過聽殺人自拘當死文公曰下吏有過非子之罪離曰臣居官爲長受祿爲多今過聽殺人傳其罪下吏非所聞也竟伏劍而死

介之推見仙釋

老古晉人文公逐麋而失之問農夫老古曰吾麋安在老古以足指曰如是往文公曰寡人問子以足指何也老古振衣而起曰一不意人君如此也虎豹之居也厭閒而近人故得魚鱉之居也厭深而之淺故得諸侯厭衆而忘其國詩云維鵲有巢維鳩居之君放不歸人將君之於是文公載老古以歸

先軫晉人文公時爲大夫城濮之役將中軍遂敗楚師文公卒相襄公敗秦於殽狄伐晉晉侯敗狄於箕

先軫免胄入狄師死焉狄人歸其元面如生其人
建廟血食不絶

郤縠 晉文公蒐於被廬作三軍謀元帥趙衰曰郤縠可
說禮樂而敦詩書詩書義之府也禮樂德之則也
德義利之本也乃使縠將中軍

欒枝 事文公爲大夫將下軍趙衰讓之爲卿多美政

荀林父 晉人爲文公御戎敗楚師於城濮又佐下軍敗
秦師景公時代郤缺爲政卒謚桓號中行氏

郤缺 芮子臼季使晉舍於冀郊見缺耨其妻饁之敬相
待如賓與之歸言於文公曰夫敬德之聚也聚於
德以臨事其何不濟公以爲下軍大夫後與之冀爲采
邑後以冀爲氏

先且居 軫之子襄公以其父死敵命將中軍初文公世
諸侯朝晉衛不朝襄公謀伐衛且居曰效尤禍
也請君朝王臣從師晉侯朝王於温且居胥臣伐衛圍
戚取之後又敗秦於彭衙

狼瞫晋人事襄公殽之役取萊駒失戈瞫斬秦囚擒之以從公乘遂以爲右及彭衙既陳以其屬馳秦師死焉晋師從之大敗秦師

趙盾事晋襄公代成季任國政襄公卒太子夷皐年少盾爲國多難欲立襄公弟雍太子母日夜涕泣頓首謂盾曰先君何罪釋其適子而更求君盾患之乃立太子是爲靈公公立十四年益驕盾驟諫靈公弗聽及殺宰人盾見其尸公懼欲殺盾盾素仁愛人常所食桑下餓人反救盾盾以得亡晋景公時卒謚爲宣孟

鉏麑晋之力士靈公不君患趙宣子驟諫使鉏麑賊之晨往寢門闢矣盛服將朝尚早坐而假寐麑退而嘆曰不忘恭敬民之主也賊民之主不忠棄君之命不信乃觸槐而死

靈輒晋人趙宣子田於首山舍於翳桑見輒饑食之輒舍其半問之曰請以遺母因與之簞食與肉靈公常伏兵攻宣子輒倒戟以禦公徒而免之問其故對曰翳桑之餓人也問其名居不告而退

公孫杵臼 晉人爲趙朔客屠岸賈誅朔杵臼謂朔友程嬰曰胡不死嬰曰朔婦有遺腹若男吾奉之故不死也及生男賈聞而索之杵臼曰立孤與死孰難嬰曰立孤難耳杵臼曰我爲其易者乃取他人兒匿山中使嬰謬呼曰與我千金吾告趙氏孤處賈諸將隨嬰攻杵臼杵臼謬曰小人哉程嬰縱不能立孤而忍賣之乎遂殺杵臼及孤兒其趙氏真孤乃在程嬰處也

程嬰 晉人既謬殺趙朔孤兒屠岸賈不疑乃抱趙氏眞孤匿山中居十五年韓厥言於晉景公復立趙後是爲趙武即孤兒也遂攻屠岸賈滅之武既冠嬰曰昔下宫之難我非不能死欲存趙後今宜下報宣孟杵臼遂自殺武啼泣齊衰三年奉祀不絶

士會 爲子事文公襄公食邑於隋及范遂稱隋季亦稱范季城濮之戰矽而與謀景公時將中軍王室亂士會平之歸而講典禮以修晉國之法盜悉逃于秦

董狐　晉史官靈公欲殺趙盾盾出奔已而趙穿弑公盾遂復狐書曰趙盾弑其君盾曰不然對曰子爲正卿亡不越境復不討賊非子而誰孔子稱之曰古之良史

郤克　缺子魯成公二年爲魯伐齊凱旋與范叔欒伯三帥讓功成公賜之先路三命之服

欒書　諡武子事成景厲悼有功

解揚　晉人奉使如宋使無降楚楚執而厚賂之使反其辭揚卒致君命楚欲殺之以其不屈旣而歸之

韓厥　晉人景公時爲司馬公以孟姬之故殺趙氏而製其田厥言於公曰成季之勳宣孟之忠不可以無後於是公復立趙武而反其田趙氏之再建於晉者厥之力也卒諡獻

荀罃　林父之從孫父荀首景公時作中軍食於知後因號知氏邲之戰知罃沒於楚首求而歸之迎立悼公修政施德晉以復覇代韓厥執政卒諡曰武

士渥濁　曲沃人能師志博文宣惠於教悼公時爲太傅以修范武子之法

伯宗　晉大夫伯糾子賢而多智好直言爲三郤譖殺之

呂錡　邲之役爲知莊子御獲楚公子穀臣與連尹襄老以免子羽鄢之役射共王中目楚使養由基射死之

欒成　號共子初武公伐翼殺哀侯共子戰死之

魏顆　魏武子犨之子初武子有嬖妾無子武子疾命顆曰必嫁之疾革則曰必以爲殉及卒顆從治命嫁之秦師伐晉顆敗之獲杜回顆見老人結草以亢回故獲之夜夢老人曰余而所嫁婦人之父也爾用先人治命余是以報

士燮　會子嘗代會爲上軍佐敗齊師於鞌厲公驕燮知難作不欲與楚戰曰外寧必有內憂使宗祝祈死

曰使我速死無及於難六月死冬果難作謚曰文號范文子

荀庚晉景公時爲大夫代荀首佐中軍與欒書同功世稱中行氏其父曰荀林父其子名偃

郤犫克子景公時爲大夫食邑於褱陵與弟至錡並稱世爲晉卿號三郤

郤至犫弟有才辯爲使有禮謀事有智臨戎有文

祁奚晉人悼公時爲中軍尉請老公問代之者稱觧狐其讐也狐卒又問對曰臣之子午也可於是使祁午爲中軍尉公問孰可代之者對曰赤也可羊舌職死羊舌赤佐之君子謂奚稱其讐不爲諂立其子不爲比舉其偏不爲黨

荀賓悼公時爲戎右司士屬焉使訓勇力之士

欒糾能御以和於政悼公時爲戎御校正屬焉以訓諸御知義

鐸遏冦恭敬信強悼公時爲上軍尉

籍偃悼公時爲上軍司馬能訓卒乘親以聽命

程鄭荀氏別族端而不淫諫而不隱悼公時爲乘馬御六騶屬馬能訓羣騶知禮

呂相錡之子事厲公嘗使絶秦悼公時使佐下軍卒謚宣子

欒黶書子事平公食邑於沃與子盈皆以忠勤著

荀偃爲晉卿卒謚獻子名吳有勳業謚穆孫名寅勸勿伐楚謚文

士匄爕之子厲公時嗣父職悼公立以爲卿使將中軍讓於荀偃而佐之故其下皆讓後代偃執政謚曰宣號范宣子

士魴爕子仕晉悼公爲卿其子弱亦爲大夫俱有善政

趙武　趙夙之後夙子共孟共孟子衰衰子盾盾子朔朔下宮之難與其叔趙同趙括趙嬰齊皆爲屠岸賈所殺朔妻成公姊遺腹生武賈索之急賴程嬰杵臼以免後立爲卿相悼公

魏絳　顆之弟事晉悼公爲中軍司馬因言和戎有五利公悅之使盟諸戎勸公修政息民三駕而楚不能爭蕭魚之會爲下軍佐共治晉也國無滯積亦無困人公無禁利亦無貪民行之期年國乃有節九年之中霸諸侯謚曰莊

張老　晉人悼公時爲候奄代魏絳爲司馬見趙文子爲室斲礱不竭而歸責其貴而忘義富而忘禮子君呂仕爲中軍司馬

祁午　曲沃人奚子好學而不戲守業而不淫以父舉爲中軍尉軍無秕政

羊舌赤　字伯華父職爲中軍尉生四子赤其長也仕銅鞮大夫爲晉傅仲尼曰伯華無死禮樂其有興

乎

韓起 厥子兄曰無忌厥欲以無忌爲嗣乃辭以疾請立起悼公以無忌爲仁使掌公族大夫起代父爲卿平公時使聘於周所對辭不失情聘魯觀易象春秋聘鄭諸大夫賦之末年代趙武爲政卒謚曰宣

羊舌肸 字叔向晉之公族也博識多聞聘於楚楚欲儆以所不知而不能鄭鑄刑書責子產以開端治罪不私其親事悼公平公昭公習于禮而勇于義以直聞于諸侯晉之政皆訪之而後行晉國賴焉

士鞅 匄子晉悼公伐秦鞅與欒黶之弟鍼馳秦師鍼死而鞅返黶欲殺之鞅遂奔秦秦景公問鞅晉大夫其誰先亡對曰其欒氏乎景公以其知言爲請於晉而復之平公立以鞅爲卿卒謚獻子

師曠 字子野晉人耳聰於聽度正音律測明曆數仕晉悼平職樂太師凡所論諫必本仁義有會經聰聖

志墓在洪洞舊列方技今改正

荀吳林父曾孫祖庚晉景公時爲大夫代荀首佐中軍父偃爲晉卿卒謚獻子吳嘗大敗羣狄不受鼓人之叛鼓告力竭而後取之不戮一人平公時爲卿謚曰穆吳子寅勸勿伐楚卒謚曰文

田差晉人平公時爲馳逐之車車既成題千鎰金立之於殿下令羣臣得觀焉田差三過而不一顧平公作色大怒差對曰桀以奢亡紂以淫敗是以不敢顧也平公曰善乃命左右去其車

魏舒絳之孫去車用卒以勝翟人卒謚曰獻

絳縣老見隱逸

亥唐晉賢人平公敬禮之嘗與亥唐坐有間亥唐出叔向入平公伸一足曰吾向時與亥子坐髀痛足痺不敢伸叔向不悅公曰子欲富乎吾祿之子欲貴乎吾爵之亥先生乃無欲也吾非正坐無以養之子何不悅乎

伯瑕 晋人世爲禮官因姓士氏號文伯鄭鑄刑書知其將火日食知魯衛當之常先幾而諫

彌牟 號景伯嘗責宋不輸粟於王城成周又責宋不受功言最切直

竇犨 晋人爲大夫與鳴犢齊名孔子自衛入晋至河聞簡子殺竇犨鳴犢及舜華乃臨河而嘆曰丘之不濟此命也遂還息于鄒作槃琴以哀之

趙鞅 武之孫頃公時爲大夫黄父之會令諸侯大夫輸王粟具戍人王室賴之卒謚簡

程本 字子華晋人反自郯遇孔子於途傾蓋而語甚相親也孔子命子路取束帛以贈之子路屑然而對曰由聞之士不中間見女嫁無媒君子不以交禮也有間又顧謂子路子路對如初孔子曰固哉由也詩不云乎有美一人清揚婉兮邂逅相遇適我願兮今程子天下之賢士也於斯不贈則終身弗能見也小子行之所著有子華子卒於曲沃葬邑龍頭山邑人祠祀之龍頭山在聞喜東五十里峩嵋嶺今爲龍頭堡

公肩定侯字子中晉人孔子弟子唐贈新田伯宋封梁父

段干木晉之駔儈家也學於卜子夏魏文侯知段干木賢過其閭則式請相之致祿百萬不受居無何秦興兵欲攻魏司馬唐且諫曰段干木賢者也而魏禮之天下莫不聞無乃不可乎遂不敢攻

田子方師卜子夏與段干木俱爲魏文侯師

賈辛悼公時爲司空能以數宣物定功修士蔿之法

趙毋卹鞅之子與韓魏滅智伯而分其地初簡子子二長伯魯次毋卹欲置後不知所立乃書訓戒之辭于二簡以授二子曰謹識之三年而問之伯魯不能舉其辭求其簡已失之問毋卹誦其辭甚習求其簡出諸袖中而奏之簡子告諸子曰吾藏寶符於常山上先得者賞諸子馳至常山上求無所得毋卹還曰從常山上臨代代可取也于是立毋卹爲後是爲襄子北登夏屋請代王使宰人以銅枓擊殺代王平代地與韓魏合

謀滅知伯共分其地於是趙北有代南并知氏彊於韓魏其後至趙藉爲諸侯

張孟談智伯圍晉陽二年襄子欲以城降孟談曰亡不能存危不能安則無爲貴知士也陰見韓魏遂相與共滅智伯功成隱耕

魏曼多絳州人亦舒之子謚襄子曼多生須須生桓子

任章絳州人智伯嘗索地桓子以無故索地弗弓任章曰無故索地鄰國必恐重欲無厭天下必懼君弓之地智伯必驕驕而輕敵鄰國懼而相親以相親之兵待輕敵之國智氏之命不長矣桓子曰善乃與之卒與趙共滅智氏

狐卷子魏人文侯問曰父賢足恃乎曰不足子賢足恃乎曰不足兄弟賢足恃乎曰不足臣賢足恃乎曰不足文侯勃然作色曰寡人問此五者于子一一以爲不足者何也曰父賢不過堯而丹朱放子賢不過舜

而瞽瞍頑兄賢不過舜而象傲弟賢不過周公而管蔡誅臣賢不過湯武而桀紂伐君欲治從身始人何可恃乎文侯善之

蹇重　魏人文侯觴大夫於曲陽飲酣文侯喟然歎曰吾獨無豫讓以爲臣蹇重舉酒進曰臣請浮君文侯曰何以對曰臣聞之有道之君不知忠臣夫豫讓之君亦何如哉文侯曰善受浮而飲之

高共　趙襄子臣初三國攻晉陽歲餘引汾水灌其城城不浸者三版羣臣皆有外心惟高共不敢失禮及滅知氏襄子行賞高共爲上張孟談曰晉陽之難唯共無功襄子曰方晉陽急羣臣皆懈惟共不失人臣禮是以先之

李悝　晉人爲魏文侯上地守作平糴法又欲人之善射也乃下令曰人有狐疑之訟者令之射的中者勝不中者負令下而人皆疾射及與秦人戰大敗之

魏成　晉人魏文侯相食祿千鍾什一在內什九在外得卜子夏田子方段干木以進於文侯文侯皆師之

樂羊　晉人爲魏將嘗攻中山其子在中山中山之君烹其子而遺之羹樂羊坐于幕下而啜之盡一杯樂羊既罷中山文侯賞其功而疑其心

師經　魏人鼓琴文侯文侯曰使我言而無見違經援琴而撞文侯中旒潰之文侯曰爲人臣而撞其君者罪當烹經曰臣可一言而死乎昔堯舜唯恐言而人不違桀紂唯恐言而違之臣撞桀紂非撞吾君也文侯曰釋之是寡人之過也懸琴以爲寡人符不補旒以爲寡人戒

周舍　晉人立於趙簡子之門三日夜簡子問之曰夫子將何以命我舍曰願爲諤諤之臣操筆隨君之後而書君之過舍死簡子與諸大夫飲酒酣泣曰百羊之皮不如一狐之腋衆人之唯唯不如一士之諤諤自舍死後吾未嘗聞吾過也

任座　晉人魏文侯臣文侯嘗問於羣臣曰我何如主皆曰仁君任座曰君得中山不以封君之弟而以封君之子何謂仁君文侯怒旣問翟璜對曰仁君也文侯曰何以知之對曰君仁則臣直嚮者任座之言直是以知之文侯悅使翟璜召任座親下堂迎之以爲上客

李克　晉人魏文侯臣文侯嘗謂克曰古人有言家貧思良妻國亂思良相今所置非成則璜二子何如克曰居視其所親富視其所與達視其所舉窮視其所不爲貧視其所不取五者足以定之矣文侯曰先生就舍吾之相定矣克出翟璜曰聞君召先生而卜相果誰爲之克曰魏成璜忿然曰西河守吳起臣所進也君内以鄴爲憂臣進西門豹君欲伐中山臣進樂羊中山已拔無使守之臣進先生君之子無傅臣進屈侯鮒以耳目之所覩記臣何負於魏成克曰魏成食祿千鍾什一在内什九在外是以東得卜子夏田子方段干木此三人君皆師之子所進五人者君皆臣之子惡得與成比也璜再拜謝

大戊午　晉人趙相肅侯遊大陵出於鹿門戊午叩馬諫曰耕事方急一日不作百日不食肅侯下車謝

公叔座　晉人仕魏爲惠王將與韓趙戰澮北禽樂祚魏王說郊迎之賞以田百萬叔座反走再拜辭曰夫使士卒不崩直而不倚橈而不避者吳起餘教也明地形之險阻決利害之備使三軍之士不迷惑者巴寧爨襄之力也縣賞罰於前使民昭然信之於後者王之明法也見敵之可克鼓之不敢怠倦者臣也王特爲臣之右手不倦賞臣可也臣何力之有乎王曰善於是索吳起之後賜田二十萬巴寧爨襄田各十萬王曰公叔豈非長者哉及叔座病惠王往問之曰公叔病即不可諱將奈社稷何座對曰座有御庶子公孫鞅願王以國事聽之也若弗能聽勿使出境王勿應出而謂左右曰以公叔之賢而謂寡人必以國事聽鞅不亦悖乎叔座死公孫鞅西之秦尋伐魏襲公子卬盡破其軍魏恐割西河地獻秦以和遂去安邑徙都大梁

唐雎　晉人魏大夫年九十餘西說秦不敢加兵於魏

犀首 晉人仕魏爲惠王臣敢直諫惠王死葬有日矣天大雨雪至於牛目壞城郭且爲棧道而葬羣臣多諫太子者曰雪甚如此而喪行民必甚病之官費又恐不給請弛期更日太子曰爲人子而以民勞與官費用之故而不行先王之喪不義也羣臣皆不敢言而以告犀首犀首以告惠公惠公曰諾駕而見太子曰葬有日矣太子曰然惠公曰昔王季歷葬於楚山之尾欒水齧其墓見棺之前和文王曰嘻先君必欲見羣臣百姓也夫故欒水見之於是出而爲之張朝百姓皆見之三日而後更葬此文王之義也今葬有日矣而雪甚及牛目難以行太子爲及日之故得毋嫌於欲亟葬乎願太子更日先王必欲少留而扶社稷安黔首也故使雪甚因弛期而更爲日此文王之義也若此而弗爲意者羞法文王乎太子曰甚善敬弛期更擇日焉

龐葱 晉人仕魏爲惠王臣與魏太子質於邯鄲謂魏王曰今一人言市有虎王信之乎王曰否二人言市有虎王信之乎王曰寡人疑之矣三人言市有虎王信之乎王曰寡人信之矣龐葱曰夫市之無虎明矣然三

人言而成虎今邯鄲去大梁也遠于市而議臣者過於三人願王察之於是辭行而讒言先至後太子罷質果不得見

惠施晉人仕魏爲惠王臣齊魏戰於馬陵齊大勝殺魏太子申魏王召惠施而告之曰夫齊寡人之讎也欲悉兵而攻之何如對曰不可臣聞之王者得度而霸者知計今王所以告臣者疏於度而遠於計王固先屬怨於趙而後於齊戰今戰不勝國無守戰之備王又欲悉起而攻齊此非臣之所取也王若欲報齊乎則不如變服折節而朝齊楚王必怒是王以楚毀齊也惠王曰善乃使人報於齊願臣畜而朝田嬰許諾楚王怒自將而伐齊趙應之大敗齊於徐州

屋廬子孟子弟子晉賢人

張儀晉人張老之後世居河東始嘗與蘇秦俱學鬼谷子之術後相秦惠王言聽計從及蘇秦死後遂破

從約說六國事秦歸報未至而惠王卒武王立不悅儀乃脫身相魏

范雎字叔魏人游魏須賈譖之魏齊笞擊雎折脅摺齒雎佯死亡匿易姓名曰張祿入秦說以遠交近攻之策遂拜相封應侯

藺相如趙城人仕趙初爲舍人奉璧入秦易城秦留趙璧無意償城相如紿取璧持以歸趙王拜爲上卿及從會澠池請秦王擊缶秦知有備而不敢動不與廉頗爭列卒相與驩爲刎頸之交秦三十年不加兵于趙者相如之力居多焉

廉頗趙人爲趙將伐齊破之取晉陽拜爲上卿以勇氣聞於時孝成王使頗拒秦兵固壁不戰以老其師趙王信秦之間以趙括代頗遂致長平之敗

趙奢趙人爲田部吏秦伐韓圍閼與趙以奢爲將救韓大破秦軍封奢爲馬服君

侯嬴　翼城人晉緡侯之後國滅子孫以侯爲姓嬴賢世莫知之年七十家貧無資爲大梁夷門監者教魏公子無忌說安釐王妾如姬竊兵符使客朱亥錘殺晉鄙出兵觧邯鄲之圍因自刭以謝之

李牧　爲趙北邊良將常守代鴈門威行沙漠時秦之不能併趙者以牧在也後被讒間死趙遂亡子槃廬墓稱孝孫左車爲廣武君韓信師事之舊志太平人墓在焉

李槃　太平人趙將李牧之子也父亡廬墓側號痛之聲悽及風木所近居民皆化之今以孝子名村

漢

張良　字子房襄陵人其先相韓及秦滅韓良爲報讐嘗擊始皇於博浪沙中誤中副車求甚急良乃更姓名亡匿下邳因遊圯上遇老人授以太公兵法後佐高帝定天下封留侯遂謝病辟穀卒謚文成今祠墓俱在張相村

靳強 其先西河人後徙曲沃以郎中騎從漢高祖擊項羽破鍾離眛封汾陽侯

紀信 趙城人事漢王爲將軍項羽攻滎陽急信自請乘王車黄屋左纛以誆楚爲羽焚死後立廟祀焉賜額忠祐

樊噲 趙城樊村里人從沛公見羽鴻門直言數羽遂救沛公趨于霸上冢在本里廟後按史記沛公初爲漢王時賜以侯爵號臨武侯至櫟陽食邑樊鄉今趙城有樊村而噲之祠墓及其子孫在焉

周勃 從高帝起於豐沛以功封絳侯呂后時爲太尉後誅諸呂以安劉氏文帝時爲丞相就國遂爲絳人

周亞夫 文帝時爲將軍細柳帝以真將軍稱之景帝時爲太尉平七國之亂

馮唐 趙城人徙居代文帝召問以直諫拜車騎都尉子遂亦奇士

郅都 洪洞人景帝時累遷中尉彈劾不避貴戚時號蒼鷹常守鴈門匈奴畏避

衛青字仲卿平陽人本姓鄭微時有一鉗徒相之曰貴人也當封侯武帝朝拜大中大夫後爲大將軍威震雲中上谷待士卒有恩遇賢士大夫以禮封長平侯子伉封宜春侯不疑封陰安侯登封發干侯

霍去病平陽人父霍仲孺以縣吏給事平陽侯家母衛少兒衛青姊也少兒女弟爲皇后去病以皇后姊子貴倖爲侍中善騎射爲嫖姚校尉從衛青以功封冠軍侯爲驃騎將軍卒天子悼之爲冢像祁連山子嬗代侯

霍光字子孟去病異母弟武帝時爲奉車都尉光祿大夫出則奉車入侍左右出入禁門二十餘年小心謹慎未嘗有過進止有常處不失尺寸初武帝欲立嗣察羣臣惟光可屬大事乃使黃門畫周公負成王朝諸侯圖以賜之病篤以光爲大司馬大將軍受遺詔輔少主封博陸侯昭帝立政事一決於光百姓充實天下晏然昭帝崩立昌邑王王無道光廢之立宣帝後圖形麒麟閣位第一而不名

司馬談龍門人建元中爲太史令學天官於唐都受易於楊何習道論於黃子仕愍學者不達其意乃論六家要指明其同異

司馬遷字子長十歲誦古文弱冠游江淮浮沅湘涉汶泗過梁楚以歸太初中爲太史令因論李陵得罪幽而發憤修史記劉向楊雄皆稱其有良史才

石奮趙城人累官至九卿子建甲乙慶皆以馴行位二千石時號萬石君

暴勝之字公子河中人天漢二年泰山琅邪羣盜徐勃等阻山攻城道路不通武帝命爲直指使者衣繡衣伏斧分部逐捕威震州郡素聞雋不疑賢延見之不疑曰凡爲吏太剛則折太柔則廢威行施之以恩勝之敬其言因表薦之

胡建字子孟平陽人武帝天漢中守軍正丞貧無車馬常步與卒起居甚得其心時監軍御史爲姦穿北

軍壘垣以爲賈區建豹其走卒斬之乃具奏以聞繇是
顯名後爲渭城令治甚有聲至今渭城立其祠

尹翁歸臨汾人文武兼備清潔謙讓宣帝初舉孝廉歷
弘農都尉後徵拜東海太守以高第入守右扶
風爲三輔最三子皆爲郡守少子岑歷位九卿後將軍
閎孺官至廣陵相

張敞平陽人祖孺上谷太守父福光祿大夫敞宣帝朝
以廉察爲廿泉倉長稍遷太僕丞以切諫顯名拜
膠東相諫王太后游獵潁川多盜敞得偷長數人貰其
罪皆以爲吏遣歸置酒小偷悉來賀皆以赭汙衣裾咸
捕得之後爲京兆尹以經術自輔號稱職三子官皆至
都尉

張安世字子孺湯之子博學善書武帝幸河東亡書三
篋安世具述其事無所遺失上奇其才擢爲尚
書令遷光祿大夫事武帝三十餘年忠謹如一日昭帝
郎位霍光薦爲右將軍久之封爲富平侯後昭帝崩與
霍光共徵昌邑王復立宣帝有安社稷功嘗有所薦舉
不使人知至人有過多爲包容雖尊居公侯食邑萬戶

身常衣弋綈夫人親紡績薨謚曰敬

義縱 蒲州人仕中郎補上黨郡中令舉第一遷長安令直法行政不避貴戚遷河内都尉史定襄太守

馬武 芮縣人其先南陽人王莽時遷居芮城之西陌村佐光武中興爲先鋒力戰無前封山都侯與畫雲臺

郅惲 趙城人有冢墓及子孫在焉事漢光武帝爲監門帝嘗出獵車駕夜還上東門候久郅惲拒關不開上令使者示面于門間惲曰火明燎遠遂不奉詔上乃回從中東門入明日惲上書諫曰昔文王不敢盤於游田受萬民惟正之供而陛下遠事田獵夜以繼晝如社稷宗廟何上喜賜惲布百疋貶中東門監者

裴遵 聞喜人其先雲中人光武時遵爲燉煌太守從帝平蜀有功徙居安邑

裴曅 遵後爲度遼將軍并州刺史遷聞喜遂爲聞喜人子孫蕃衍簪纓蟬聯盛于晉唐子孫分三眷河東

爲中眷燕爲東眷秦爲西眷河東一十二族皆㬚後也

皇甫嵩字義眞萬泉人好詩書習弓馬靈帝時爲北地太守以平黄巾功領冀州牧拜太尉封槐里侯嘗請以冀州田租贍饑民民歌之曰天下大亂兮市爲墟母不保子兮妻失夫賴得皇甫兮復安居

裴茂聞喜人㬚子靈帝時爲侍中尚書令建安初率關中諸將討平李傕有功封列侯

裴潛茂子少不修細行爲父茂所薄獻帝朝避亂荆州以劉表非伯王才乃適曹操操以爲代郡守時烏桓單于驕恣專制郡事前守莫能治潛單車之郡以鎮撫攝服之赴官不隨妻子妻子織藜芘自供在兖州時作一胡床去則掛之於柱梁簡文曰不學胡威絹寧掛裴潛床

裴綽徽子器宇弘曠官至黄門侍郎長水校尉

裴綰茂子官至尚書令其族爲中眷

裴輯茂子獻帝時工部尚書共族爲東眷

皇甫謐字士安帶經而農以著書爲務學者稱爲玄晏先生

皇甫回謐子亦有文學蚕而後衣耕而後食足未嘗入府城

姚萃蒲州人受焦壽易學於京房後爲郎博士由是易有京氏之學

關羽字雲長解州人好誦左氏春秋明於君臣之義事詳史傳中長子平及周倉俱殉難次子興官侍中中監軍孫統嗣封尚公主官虎賁中郎將統傳其庶子彝漢後主景耀三年追謚壯繆侯宋徽宗崇寧元年追封忠惠公大觀二年加封武安王宣和五年勅封義勇武安王高宗建炎二年加封壯繆義勇王淳熙十四年加封英濟王

董永幼喪母家貧至孝傭力以事父父卒就傭主貸萬錢瘞之一日道遇一婦人求爲妻永與俱詣主人

織絹三百疋以償其貸辭歸曰吾天之織女緣君至孝天帝令我助君償債言訖凌空而去莫知所之

魏

裴秀 潛子少好學八歲能屬文時稱後進領袖仕魏嘗改官定制及作禹貢地圖累封濟侯

衛覬 字伯孺安邑人魏初拜侍中與王粲並典制度文帝即位徙爲尚書明帝時封閺鄉侯以文章顯好古文爲篆隷草受詔典著作撰述至數千篇

衛瓘 覬子明識清允仕魏歷散騎常侍拜侍中轉遷監鄧艾軍平蜀進位太保嘗請改九品復鄉舉里選之法

衛恒 瓘子歷官黄門侍郎工草隷爲四體書勢與父瓘同爲賈后所殺

裴楷 茂子高才遠度魏冀州刺史封蘭陵子其族仕梁爲西眷子黎康俱有膂力技勇絶𠑽仕晉亦著英

武名

賈逵襄陵人仕魏爲絳邑長郭援來攻絳免逵於難後舉茂才除澠池令太祖攺爲弘農太守召見計事大悅之曰使天下二千石悉如賈逵吾何憂焉文帝時爲豫州刺史外修軍旅内治民事吏不如法者皆奏免之帝曰真刺史也通運渠二百里名賈侯渠子混晋太康中封汞平侯

徐晃洪洞人爲郡吏從車騎將軍楊奉討賊有功拜騎都尉遷右將軍毎戰必先爲不可勝攻圍陷陣功最多

毋丘興聞喜人黄初中爲武威太守伐叛柔服開通河右從蘇則討賊有功封高陽鄉侯入爲將作大匠雍州刺史張旣表興功積最詳

毋丘儉字仲恭聞喜人襲父爵爲平原侯文學明帝郎位爲尚書郎遷羽林監以東宫之舊甚見親待

累遷荆州刺史及帝欲討遼東以儉有幹策徙幽州刺史時高句麗數侵叛儉督步騎萬人討之追至肅愼氏南界勒石紀勳以平遼功遷左將軍假節鎭南將軍及司馬師廢主同文欽矯詔討師事敗見殺子甸治書侍御史與儉同死儉小弟秀及孫重與文欽亡入吳儉先遣子宗四人入吳後宗歸官零陵太守宗子粤益州刺史

晉

賈模字思範逵孫少有志尚以知名初爲邵陵令起爲車騎司馬預誅楊駿封平陽鄉侯尋擢侍中盡心匡弼推張華裴頠同心輔政數年之中朝野寧靜授光祿大夫卒贈車騎將軍開府儀同三司謚成

衛玠字叔寶并州人恒之子仕晉爲太子洗馬風神秀異如玉人每乘羊車入市觀者塞路玠嘗言人有不及可以情恕非意相干可以理遣故終身不見喜慍色

裴楷字叔則徽三子博涉羣書少與王戎齊名武帝時累官散騎侍郎後遷中書令終開府儀同三司楷言詞敏捷武帝始登祚探策得一楷進曰臣聞天得一以清地得一以寧侯王得一以爲天下貞帝大悦楷營新宅佳麗兄甚欲之而口不言楷心知其意便推與兄梁王趙王國之近屬貴重當時楷歲請二國租錢數百萬以恤中表之貧者或譏之曰何以乞物示惠曰損有餘補不足天之道也

裴頠字逸民秀子弘雅有識博學稽古履行高整仕晋爲國子祭酒累遷尚書侍中惡晋俗虚無著崇有論以釋其敝後爲趙王倫所害惠帝追復其官以卿禮謚曰成子嵩嗣爲黄門中書侍郎次該出從伯畿爲散騎常侍頠弟邈亦有時名官太傅左司馬散騎侍郎謚簡頠從父弟輿字祖明襲父楷爵官至散騎侍郎卒謚簡輿弟瓚中書侍郎丰神高邁衆所敬慕季弟憲吏部侍郎侍中永嘉末石勒破王浚召憲至欲殺之憲以義對不拜而出勒深嘉之

郭璞字景純聞喜人父瑗尚書都令史時尚書杜預有所增損瑗多駁正之以公方著終於建平太守璞文章冠一時兼精陰陽算曆卜筮之術王導引爲叅軍元帝補著作郎多所匡救以憂去王敦起爲記室叅軍敦謀逆使筮璞曰無成壽且促敦殺之後敦平追贈弘農太守所著有洞林新林卜韻爾雅註數十篇又註三蒼方言山海經楚辭詩賦數十萬言子驁官至臨賀太守

韋忠平陽人年十二喪父哀慕毁瘠杖而後起司空裴秀吊之匍匐號訴哀慟感人秀出而告人曰此子必佳器命子頠造焉服闋遂廬于墓所頠慕而造之皆托行不見後爲郡功曹著義聲爲鎮西將軍討叛敗死

鄧殷襄陵人亮直彊正鍾會伐蜀奇其才自澠池令召爲主簿賈充伐吳請爲長史後授皇太子詩爲淮南太守遷汝陰太守後爲中庶子

李矩平陽人晉元帝時爲滎陽太守漢劉暢帥兵三萬攻滎陽矩未及爲備乃遣使詐降暢不復設備矩

欲夜襲之士卒皆疑懼乃遣其將郭誦禱於子產祠使巫揚言曰子產有令當遣神兵相助衆皆踴躍爭進掩擊暢營暢僅以身免

鄧攸字伯道殷之孫七歲喪父母居喪九年以孝稱愍帝徵爲尚書左丞不就後至江東時吳郡闕守帝以授攸載米之郡俸祿無所受唯飲吳水而已郡中大饑攸輒開倉賑之或劾以擅出假詔原之郡嘗有送迎錢數百萬攸以疾去郡一錢無所受百姓數千人留牽攸船不得進夜中發去吳人歌曰謝令推不去鄧侯挽不留累尚書右僕射卒贈光祿大夫祀以少牢嘗棄子留侄竟無嗣時人義而哀之曰天道無知使伯道無兒弟子綏服攸喪三年

王卓字世盛臨晉人父乇爲河東太守征西大將軍卓沉毅有氣節累官河東太守遷司空封猗氏侯

王蔚猗氏人世修儒史之學魏中領軍曹羲作至公論蔚善之而著至機論辭義甚美官至夏陽侯子接

字祖游有孝行傳覽羣書多證異義與裴頠栁淡裴遐
鄧攸相友善後爲郡主簿迎太守温宇宇奇之轉功曹
史州辟平陽從事時羊亮爲平陽太守薦之司隸校尉
王堪出補都官從事及東海王越率諸侯討顒統行臺
尚書令堪請接補尚書殿中郎未至而卒年三十有九
嘗著公羊傳新義及撰列女後傳雜議詩賦碑頌駁難
十萬餘言子悠期流寓江南椽父意更註公羊文集列
女後傳云後從温嶠平蘇峻有功

裴遐　聞喜人綽子善言玄理常與河南郭象談論一座
嘆服晉魏之世裴王二氏最盛時以八裴方八王
徽比王祥康比王綏楷比王衍綽比王澄頠比王戎邈
比王雲瓚比王敦遐比王導

薛興　汾陰人尚書右僕射冀州刺史安邑公卒謚莊子
濤襲爵位梁州刺史卒謚忠惠京師傾覆皆以義
烈著聞濤子彊懷軍國籌畧與王猛仕姚興封馮翊郡
公戶部尚書彊子辨幼而儁爽倜儻多大畧知姚氏運
衰乃棄歸後仕魏累遷汾陰侯并州刺史卒人深惜之
辨子謹高才博學授河東太守後襲爵累建大功封浩

陵郡公謹子長初名拔勿有器識崔浩見而奇之蓋吳擾動關右太武親討詔斜拔合宗鄉儁兵於河際以斷寇路事平除中散賜爵永康侯後改爵河東公卒贈左光祿大夫謚曰康次洪隆位河東太守拔子脩少有父風拜中散襲爵鎮西大將軍河東公後除立忠將軍河北太守郡境多盜最爲狡害脩初至即收其奸魁二十餘人一時戮之其黨氣懾境以清肅卒謚敬洪隆子驎駒兼主客郎接南使號爲稱職卒贈河東太守謚曰宣驎駒子長慶之頗有學業位廷尉左丞賜爵龍立將軍次英集性通敏隨舅李崇在楊州以軍功累至尚書侍御史通直散騎

南宋

薛安都　榮河人少以勇聞宋武帝時隨柳元景克關陝爲雍秦二州都統後爲左將軍单騎斬魯爽以功進爵侯

賈淵　字希鏡襄陵人祖弼之晉員外郎父匪之驃騎參軍世傳譜學宋孝武時初辟丹陽郡主簿奉朝請昇明中太祖嘉淵世學取爲驃騎參軍武陵開國郎中令尋補餘姚令未行仍爲義興郡丞永平初轉尚書外兵郎歷大司馬司徒府參軍先是譜學未有名家淵祖弼之廣集百氏譜記專心治業晉太元中朝廷給弼之令史書吏撰定繕寫藏秘閣父祖三世傳學凡十八州氏族譜合百七十餘卷核究精細當世莫比後授撫軍諮議不就仍爲北水中郎參軍中興元年卒年六十二撰氏族要狀及人名書並行於世

裴松之　字世期聞喜人珪正子博覽墳籍立身簡素仕劉宋爲中書侍郎上命註陳壽三國志松之鳩集傳記廣增異文書奏上覽之曰裴世期不朽矣出爲永嘉瑯琊太守吏民稱便後拜中散大夫使續何承天國史未竟而卒所著有文論及晉紀子駰註史記有淵識官至南中郎外兵參軍

郗元景　解州人高祖純位平陽太守不拜曾祖卓汝南太守祖恬西河太守父憑馮翊太守元景少貧

苦嘗有一異人相其後當大富貴便習弓馬數隨父伐鑾以驍勇稱累功進驃騎大將軍南兗州刺史擁衛京都宋孝武晏駕受遺詔輔幼主遷尚書令領丹陽尹特加開府儀同三司後以國事受戮容色恬然明帝即位贈太尉謚忠烈弟叔珍義陽内史叔珍子長慶達雍州刺史頗勵清政士庶懷之次季達梁宜郡太守慶達子津歷散騎常侍津子長仲禮雍州刺史次敬禮扶風太守仲禮子彧少好學頗涉經史遷治書侍御史當朝正色甚爲百僚憚彧子詔爲介休令季達子遐霍州刺史導人務先以德弘奬名教下不忍欺卒贈金安二州刺史遐子十靖莊㝡知名靖仕周歷河南廣德二郡太守所至皆有政蹟吏民畏愛之莊隋授饒州刺史甚有能名莊子楚賢大業中爲河北縣長楚賢子冲另有傳

裴昭明　騆子少傳儒史之業宋泰始中爲太學博士元徽中出爲長沙郡丞罷任刺史王藴之曰卿清貧必無還資湘中人士有須一禮之命者我不愛也昭明曰忝爲郡佐不能光益上府豈以鴻都之事仰累清

風遷祠部通直郎使魏還拜始安內史郡人龔軒宜自
稱龔聖人吹紙成字以惑衆昭明付獄案罪及還甚貧
武帝曰昭明罷郡還無宅我不讀書不知古人中誰可
比之遷射聲校尉後爲安北長史廬陵太守昭明歷郡
以清勤著嘗曰人生何事聚畜一身之外亦復何須子
孫不才我聚彼散若能自立不如一經終身不事產業
裴顗字彥齊聞喜人澄從弟少有異操宋泰始中聰明
觀聽講不讓劉秉席秉用爲參軍歷奉朝請齊臺
建世子妃裴妃須外戚譜顗不與遂與別籍順帝昇明
三年四月下詔禪位于齊司空褚淵等奉璽紱詣齊王
勸郎皇帝位封宋主汝陰王築宮丹陽置兵守衛以淵
爲司徒顗上表數齊王惡徑掛冠去之遂遇害
柳世隆解州人元景從子幼孤挺自立雖門勢子弟獨
修布衣之習晚專以談義自高善彈琴世稱柳
公雙瑣爲士品第一拜左光侍中卒謚忠武子長悅次
惔俱有時名瑯琊王儉謂人曰柳氏二龍可謂一日千
里悅位中書郎蚤卒惔好學工製文仕梁爲僕射嘗著
仁政傳及諸詩賦俱有辭義惔弟惲吳興太守爲政清

靜人吏榛之竪蜀郡太守廉恪爲政闔郡懐之恍仕齊
授西中郎主簿卒謚穆愺子長明義興太守次暉梁都
官尚書暉子偃年十二武帝引見詔問讀何書對曰尚
書又問有何美句對曰德惟善政政在養民衆咸異之
拜駙馬都尉子昐亦拜駙馬都尉偃弟訔少聰敏讀書
殆萬卷晉王引才學之士百餘人以允學士訔爲之冠
晉王郎位拜秘書監封漢南縣公卒贈大將軍謚曰康
撰晉王北伐十五卷文集千卷行於世

南齊

裴叔業聞喜人少有氣幹以將畧自許仕齊累遷黃門
侍郎封武昌縣伯後爲南兖州刺史因有隙於
蕭寶卷奉表附魏拜征南將軍豫州刺史封蘭陵郡公
卒贈開府儀同三司謚忠武子蒔之芬之藹之並顯名
於時

梁

裴邃聞喜人深沉有志畧仕梁歷廣陵始安竟陵太守
及北梁秦義三州刺史爲政寬明能得士心居身
方正有威重及卒淮淝之間莫不流涕進爵爲侯謚曰
烈子之禮北徐州刺史卒於少府卿謚曰莊兄子之平
少倜儻有志仕梁以軍功封費縣侯累遷散騎常侍文
帝除光祿大夫不就卒謚僖之平子忌從討侯景率精
兵克王僧智所據吳郡授本郡太守累遷衛尉卿又監
吳明徹軍平淮南授豫州刺史撫綏甚得民心忌子蘊
明辯有吏榦隋初平陳超拜開府儀同三司禮賜優給
歷許真頴三州刺史嘉績連著終御史大夫
裴之高聞喜人邃從子嘗從邃征討所在立功甚多後
除梁郡太守封都城縣男特進金紫光祿大夫
卒謚恭弟之横重氣俠不事産業之高乃爲狹被疏食
以激勵之之横嘆曰大丈夫富貴必作百幅被乃與僮
僕數百人營田墅遂致殷富侯景之亂之横累建功還
除吳興太守作百幅被以成其志卒謚司空封國公謚
忠

裴子野昭明子博學有孝行梁天監中中書范縝表薦子野曰幼稟至人之行長勵國士之風乃除記室參軍出爲諸曁令斷訟不施鞭朴示之以理百姓悅服嘗删撰沈約宋書畧二十卷約以爲弗逮也武帝朝授著作郎修國史又勅掌制誥爲文敏麗在禁省十餘年清白自將秩俸悉分給貧乏妻子常苦饑寒卒贈散騎常侍謚貞

元魏

薛通萬泉人道武天錫初赫連勃勃僭號通率宗族築城以禦之

裴駿字神駒聞喜侯雙碩子幼聰慧兵亂襲聞喜駿率衆奔赴太武稱其有當世才補中書博士崔浩目爲三河領袖後轉中書侍郎卒贈聞喜侯謚康長子修清辨好學位中大夫兼祠部事參酌故實以决疑議甚有條卒謚恭次子宣通辨博物少孤事父兄以孝友聞官至益州刺史撫綏甚得戎羌之心卒謚穆修子詢美

儀貌多藝能歷平昌太守鄖州刺史武泰中奉使關中遇害贈司空諡貞烈宣長子敬憲學博才清舉秀才高第除太學博士工隸草解音律世有德于鄉賊過其宅輒相約不犯次子莊伯有才器博識多聞年踰冠上神龜頌時人稱文章與兄敬憲相亞臨淮王引爲記室委以章奏之事敬憲疾莊伯晝夜侍側亦疾同年俱喪世嗟悼之三子獻伯少以學問風流有名京洛官廷尉卿濟州刺史卒贈殿中尚書

關朗　解州人雲長之後有經濟大器妙極占筭浮沉鄉里不求官達魏孝文太和末王蚪署爲記室與談易嘆曰足下奇才也薦與孝文帝詔見問老易朗寄發玄宗實陳王道諷帝以慈儉爲本飾之以刑政禮樂帝嘉嘆謂蚪曰先生知人矣既而頻日引見際暮而出俄帝崩朗遂不仕

柳崇　解州人方雅有器量舉秀才高第歷尚書郎中孝文帝遣崇檢斷鹽池爭訟及經畧荆郢累遷河中太守民有張明失馬疑執十餘人崇不問賊事但問其親老存否農桑多少以察其詞色果獲真盜郡人畏服

卒謚曰穆子長慶和性沈靜不競於時位給事中本郡中正次楷善草書頗涉文史位撫軍司馬

薛聰榮河人辯孫方正有理識父殁廬墓哭泣之聲酸感行路爲治書侍御史彈劾不避彊禦孝文寄以心膂每欲進位苦辭不受帝曰卿天爵自高非人爵所能榮也後爲齊州刺史吏民留其坐榻以存遺愛子第通博學有雋才累官常山太守

裴天明聞喜人頗從子咨議參軍并州別駕子雙虎河東太守贈雍州刺史卒謚順雙虎子嵩主簿行平陽郡事平蜀賊有功贈東雍州刺史嵩子延儁少孤孝事後母涉獵墳典舉茂才累官太子洗馬明帝時遷幽州刺史考績爲天下最延儁子元植敬獻並有文學元植贈光州刺史延儁從兄宣明官華州刺史有惠政卒謚簡宣明弟夙沈毅有器識儀望甚偉官至河北太守忠恕接下民咸懷之嵩之從子良稍遷尚書考功郎中尋兼尚書左丞爲西北行臺以討汾州薛羽及山胡劉㬥升等遂擢汾州刺史加輔國將軍行臺如故良以

城人儀簪率衆奔西河汾州自此居西河卒贈吏部尚書謚貞良弟仲規初辟爲咸陽王主簿後中山王征義陽引爲統軍戰没贈河東太守謚貞從父兄子慶孫正光末討吐京羣胡大潰其衆遂立郡郡因以慶孫爲太守務安輯之咸來歸業宣明子景鸞景鴻並有逸才時號景鸞爲驥子官華州刺史號景鴻爲龍文官吏和太守夙子鑒爲廷尉居官清苦時論稱之贈東兗州刺史長子淑祖有文學居官甚著稱仕終司空右長史仲知弟叔義亦有孝行累官太山太守爲政清静吏民安之卒贈東秦州刺史謚宣良族兄聿以操尚爲孝文所知官至秦郡太守贈洛州刺史良從孫伯茂以爲學知名列在文苑傳齊武平末官中書舍人景融好學能文早退謙謹無競於時舉秀才除太常博士終錄事參軍鑒子澤初以議孝昭謚忤旨出爲廣州司馬尋歷中書兼給事黄門侍郎景鸞子文瑞齊行臺郎景鴻子叔卿博洽有孝行號曾子仕爲貝丘令叔卿子神舉神符神舉最知名

張天生　冀城人任河南令除蝗害濟民困百姓多賴全活子伯成亦河南令蝗不入境民立碑頌之

裴佗　聞喜人六世祖詵仕晉位太常卿世以文章顯五舉秀才再舉孝廉時人羡之父景惠州別駕佗魁偉有器望舉秀才以高第除中書博士累遷趙郡太守爲政有方常以祿濟貧轉荆州刺史郡人傾境攀戀至荆慰降蠻嬃萬餘家以老乞還卒遺命不聽請賜不受賻襚諸子悉遵焉長子讓之字士禮清明俊别早得聲譽舉秀才遷主客郎中省中語曰能賦詩裴讓之楊愔每云此人風度警拔裴文季爲不亡矣齊文襄目之曰士禮佳舍人也次子諏之字士正少好儒學釋褐太學博士嘗從常景借書百卷十日便還景歎曰應奉五行俱下禰衡一覽便記今復見之于裴生矣後爲大行臺倉曹郎中卒贈徐州刺史三子讞之字士平七歲便勤學早知名累遷司徒主簿不妄交游唯與辛術李繪李贍崔瞻爲友轉儀曹郎尤悉歷代故事爲許昌太守賓客過郡出私財供給無賦于民四子詡之字士言純謹有局量弱冠爲平原公開府墨曹掌書記從至并州其

母在鄴忽得心痛詶之是日不勝思慕心亦驚痛乃請急而還當時以爲孝感五子謂之字士敬少有志節好直言文宣末昏縱朝臣罕有言者謂之上書正諫言甚切直文宣將殺之白刃臨頸辭色不變帝曰癡漢何敢爾楊愔曰此子望陛下殺之以收後世名帝投刀曰小子望我殺爾以取名我終不成爾名也遣人送出孫矩學涉經史隋高祖郎位擢給事中轉吏部侍郎名爲稱職煬帝時與聞政事多歷歲年後入唐爲戶部尚書

吳悉達聞喜人兄弟三人年幼父母爲人殺四時號慕感動鄉鄰及長爲報仇避地永安兄弟同居四十餘年讓逸競勞閨門和睦雖儉歲饘粥不繼客至必傾所有鄉人孤窮者解衣輟糧濟之鄉閭五百餘人詣州稱頌刺史表贈其父渤海太守後圖改葬失父舊墓所晝夜哭禱于神出行所履地忽陷得父銘記因遷葬宗祖以下三世九喪哀毀加初喪塟事傾業爲之不假于人有司奏聞旌其閭北史列孝義明永樂間編孝順事實與裴敬彝並傳

閻元明安邑人少而至孝著鄉里孝文太和五年除北隨郡太守元明以違離親養興言悲慕母亦慈念泣淚喪明元明悲號上訴請歸奉養一見其母二目便明刺史呂壽恩列狀上聞詔下州郡表爲孝門復其租調兵役令終母年後母亡服闋心喪不輟每忌日悲慟傍鄰昆弟亦感而雍和百口同居

裴延儁聞喜人少孤事後母以孝聞爲幽州刺史後母隨延儁在州遇重患延儁啓求侍母還京療治

任至平秦太守

裴重規聞喜人爲司徒主簿父在鄉病疾棄官奔赴以違制免

令狐仕猗氏人兄弟四人早喪父泣慕十載奉養其母孝著鄉邑而力田積粟博施不已

柳僧習解州人四世祖恭仕後趙爲河東郡守父緝東安郡守僧習隸書斂于當世歷北地潁州二郡

守長子虯幼好學西魏文帝徵爲行臺郎中掌文翰上疏言史官紀事當顯言其狀庶令是非明著得失無隱

善曰修惡曰懼時論古今文體之異蚪謂時有古今文無古今作文質論後遷秘書監加車騎大將軍儀同三司卒贈兖州刺史次子檜性剛任氣善騎射大統四年從戰於河橋先登有功吐谷渾入寇檜破其衆數年不敢爲患檜嘗謂兄蚪曰兄職典簡牘裦貶人倫弟管轄郡司股肱朝廷可謂榮寵矣而四方未靖車書不一檜當蒙矢石履危難以報國恩後鎮九曲除魏興華陽二郡守安康人黄衆寶謀反連結黨與薄城城陷爲賊所獲縛檜置城下檜大呼曰羣賊烏合糧食已罄行郎退散各宜勉之衆寶大怒臨以刃檜守節不變遂害之棄屍水中城中爲之流涕贈東梁州刺史子雄亮年十四聞父被害哀毀踰禮後黄衆寶率衆歸長安雄亮手刃之事聞特原之三子鷟好義善屬文終於魏臨淮王記室叅軍事子带偉深沉有度量西魏文帝辟爲叅軍轉汝陰令發姦摘伏民多畏懐自領武藏劇任十有餘年處斷無滯官曹肅清以功進爵公四子慶幼聰敏大統間除尚書都兵郎中鎮雍州别駕有貴戚孟氏盜牛藉勢辯釋慶下獄笞㓕之貴豪歛手又數平反疑獄人稱

明决官至侍中平齊
贈鄜綏丹三州刺史

薛善汾陰人魏孝武西遷攺河東爲秦州以善爲別駕族兄薛崇禮爲刺史守蒲坂善言于崇禮曰高歡有逐君之罪吾世荷國恩今大軍已臨而猶爲高氏固守一旦城陷函首長安署爲逆賊死有餘愧盍及今歸款崇禮猶豫善與族人斬關納魏師丞相泰進軍蒲坂凡薛氏預開城謀者賜五等爵善固辭

薛修義汾陰人曾祖紹七兵部尚書祖壽仁秦州刺史汾陰公父寶積定陽太守修義少而輕財重氣位晋州刺史封正平郡公

北齊

白建字彦舉安邑人初入大丞相府任騎兵曹典文帳明解書記爲同局所推天保末兼中書舍人孝昭輔政除大丞相騎兵叅軍河清二年除員外散騎常侍仍舍人三年突厥入境代忻二牧悉是細馬合數萬匹

在五臺山北栢谷中避賊賊退勅建送馬定州付人養飼建以馬瘦違勅以便宜從事戎馬無損建有力焉武平末歷位尚書特進侍中中書令封高昌郡公父長命贈開府儀同三司都官尚書建雖無他材伎勤於在公以温柔自處與唐邕俱以典執兵馬致位卿相諸子幼弱俱爲州郡主簿男女婚嫁皆得勝流卒贈司空

廉景孫平陽人少厲志節以經舉郡孝廉爲刺史房謨所知謨爲子結婚盧氏謨卒後盧氏將改適他姓景孫訟之臺府不爲理乃持繩詣神廟前北面大呼曰房謨清吏忠事高祖及其死也妻子見陵神而有知當助申之今引决訴於地下便以繩自經於樹衛士見之救解送所司朝廷哀其至誠命女歸房門

樊衛猗氏人性至孝喪父負土成墳植栢方數十畝朝夕號慕

樊遜字孝謙猗氏人衛子遜少好學兄仲以造氊爲業常優饒之遜自責曰爲人弟獨爱安逸可不愧于心乎欲同勤事業母曰汝欲謹小行邪遜感母言遂專心典籍書壁見賢思齊四字以自勵屬本州淪陷寓居

鄴中爲僕射崔暹賓客後崔暹大會客大司馬襄城王昶時亦在坐欲命府僚暹指遜曰此人學富才高兼之佳行正可爲王參軍也後徙居陳留重舉秀才尚書擢第爲當時第一清河王岳率衆南討假遜大行臺郎中使于江南與蕭脩侯瑱和解往還五日得報書脩盟于江上詔令校定羣書遜議請牒借本參校始無遺闕楊愔嘗使代已作書以告晉陽朝士令魏收潤色之收不能改一字楊愔言于衆曰後生清俊莫過盧思道文章成就莫過樊孝謙几案斷割莫過崔成之遜以三人並員外將軍辭曰門族寒陋訪第必不成乞補員外司馬督愔曰才高不依常例特奏用之

北周

敬珍　蒲州人東魏高歡西伐珍謂其從祖兄祥曰高歡廹逐乘輿天下忠義皆欲刺其腹今又稱兵西上吾可與兄以兵斷歸路祥從之糾合鄉衆萬餘會歡敗歸帥衆邀之斬獲甚衆丞相泰以珍爲平陽太守祥爲

行臺郎中

楊攜正平人少豪俠仕後魏拜伏波將軍元顥入洛孝莊帝南討至馮渚攜乃具舟以濟王師元顥平封肥如縣伯後從孝武入關進侯爵加撫軍將軍保定四年遷少師攻洛陽深入齊境爲齊人所獲朝廷猶錄其功不以爲罪令子襲爵

裴寬聞喜人祖德歡魏中書侍郎寬自幼以孝友稱仕西魏歷散騎侍郎孝武西遷率家衆避難於大石嶺大統中授都督與東魏戰被擒逼還後封夏陽縣男弟漢聰敏好學大統間爲墨曹行參軍剖斷如流相府稱曰日下粲爛有裴漢後加車騎大將軍儀同三司漢子鏡人少聰敏博學仕隋兵曹郎漢弟尼弘雅有幹局位御正下大夫贈隨州刺史尼子之隱師人俱爲記室參軍師人兼侍讀族弟鴻少恭謹有幹略歷官内外太和中拜郢州刺史賜爵高邑侯以南蕃征軍没於陣贈豐資遂三州刺史謚忠

柳敏鮮州人幼孤事母以孝聞初仕魏爲河東郡丞及周文克河東見而器之曰今不喜得河東喜得卿拜丞相府叅軍兼記室與蘇綽等修撰新制政典遷禮部郎中進大都督遭母憂旬日鬢髮半白起爲吏部郎中歷遷尚書進爵公操履方正久處臺閣明練故事近儀乖舛典者悉案舊章刊正

裴文舉聞喜人西魏爲著作郎孝閔踐祚襲澄城縣子累遷絳州刺史以廉約自守每行春省俗單車而已民美而化之後爲司憲中大夫進伯爵

樊深字文深猗氏人事繼母甚謹弱冠好學負書從師于河西講習五經晝夜不倦永安中隨軍征討以功累遷中散大夫孝武西遷深父保周叔父歡周並被東魏害深因避難墜崖傷足絶食再宿後得一簞餅欲食之念繼母老痺夜中匍匐尋覓母得見因以饋母遁易姓名遊學于汾晋間習天文及筭曆之術後周文平河東贈保周南郢州刺史歡周儀同三司深歸塟其父負土成墳周文置學東館教諸將子弟以深爲博士深

性好學老而不怠朝暮還往常據鞍讀書至馬驚墮地損折支體終亦不改遷驃伯中大夫加開府儀同三司建德元年表乞骸骨詔許之朝廷有疑義常召問焉後以疾卒深既專經又讀諸史及倉雅篆籀陰陽卜筮之書撰孝經喪服問疑各一卷又撰七經異同三卷

裴果聞喜人祖思賢父遵皆刺史果慷慨有志畧仕後魏正平郡丞以征討功受河北郡守後從周文戰河橋勇冠當時進爵為公歷眉復二州刺史善決斷抑豪右申屈滯治皆稱職卒謚質子孝仁警敏有時名歷建譙亳三州刺史

裴俠解州人祖思齊拜議郎父欣西河守俠七歲始能言聰慧異常仕西魏累官東郡守左中郎將從周文戰沙苑以功進侯爵後為河北郡守民歌之曰肥鮮不食丁庸不取裴公真惠為萬世矩周文謂俠清慎奉公天下牧守無可與伍號獨立使君進爵為公子祥忠謹有理劇才為咸都令清不及父而決斷過之祥弟肅

爲永平丞亦
得彝人心

韓雄字木蘭河東垣人敢勇膂力絶人工騎射有將帥材畧大統初謁周文於弘農封武陽縣侯從獨孤信入洛陽芒山之役周文命雄邀高歡於隘道歡怒命三軍并力取雄雄突圍得免除東徐州刺史東魏雍州刺史郭叔畧接境頗爲邊患雄密圖之斬叔畧首除河南尹進爵爲公尋進驃騎大將軍開府儀同三司侍中河南邑中正孝閔帝踐阼進爵新義郡公賜姓宇文氏明帝二年除都督中州刺史雄久在邊具知敵人虛實每率衆深入不避艱難前後經四十五戰雖時有勝負而雄志氣益壯東魏深憚之卒于鎮贈大將軍五州諸軍事謚曰威子禽虎另有傳

柳昂敏子幼聰敏有器識武帝時爲內史中大夫賜爵文成郡公竭誠獻替謙抑自處時論重之拜潞州刺史常上表請勸學行禮上嘉納自是天下州縣皆置博士習禮在州甚有惠政子調累遷尚書左司郎中時

朝士多贓貨惟調清素守常爲時所美

皇甫遐汾陽人少喪父事母以孝聞保定末遭母喪廬於墓側負土成墳食粥枕塊櫛風沐雨形容枯悴家人不識嘗有鴟鳥二烏悲鳴墓側若助哀者經月餘乃去遠近聞其至孝競以米麪遺之遐受而不食悉以營佛齋焉郡縣以狀聞詔旌異之

薛寘汾陰人性至孝西魏時領著作郎修國史累遷中書令後仕周以功進爵侯時議行周禮與盧辯等斟酌詳定進位驃騎大將軍開府儀同三司卒謚理著有文集西京記

樂遜字遵賢猗氏人幼有成人之操從徐遵明受孝經喪服論語詩書禮易左氏春秋大義山東寇亂學者散逸遜於擾擾之中猶志道不倦周文召教授諸子閔帝踐祚以有理務材除秋官府上士轉小師氏下大夫自譙王儉以下並束修行弟子禮武成元年六月霖雨經時陳時宜十四條切于政要保定中以訓導有方

遷遂伯中大夫詔魯公琙學公賢等同受業焉遷表求
致仕優詔不許授湖州刺史遂勸勵生徒加以課試數
年之間化洽州境職滿還朝拜皇太子諫議進爵崇業
郡公進位開府儀同大將軍以老病固辭詔許之仍賜
安車衣服隋開皇元年卒年八十二所著有孝經論語
毛詩左氏春秋序論十餘篇

薛憕榮河人安都從子幼遭亂避居襄陽家貧躬耕以
養父母有暇則讀書覽文集周文拜中書侍郎大
統初儀制多闕令憕
與盧辯等參定之

荆可猗氏人性質朴容止有異于人能苦身勤力供養
其母隨時甘旨終無匱之居母喪水漿不入口三
日悲號擗踊絶而後甦者數四葬母之後遂廬于墓側
晝夜悲哭負土成墳蓬髮不櫛蔬菜食飲水而已荆可
家舊塋域極大蓁蕪至家十餘里而可獨宿其中與禽
獸雜處哀感遠近邑里稱之大統中可鄉人以孝行之
至足以勸勵風俗乃上言焉太祖令州縣表異之及服
終之後猶若居喪大冢宰晉公護聞可孝行將引見焉

與可言論時有會于護護亦至孝其母閻氏没于敵境不測存亡毎見可自傷久乖膝下而重可至性及卒之後護猶思其純孝收可妻子于京師常給其衣食

張元字孝始芮城人祖成假平陽郡守父延儁仕爲功曹主簿並以純至爲鄉里所推元性謙謹有孝行微涉經史然精釋典年六歲其祖欲將元就井浴元曰衣以蓋形爲覆其褻元不能褻露其軆於白日之下祖異而捨之南鄰有二杏樹杏熟多落元園中諸小兒競取而食之元所得者送還其主村陌有狗子爲人所棄者元收而養之其叔父怒曰何用此爲對曰有生之類莫不重其性命若見而不收養無仁心也未幾乃有狗母銜一死兔置元前而去及元年十六其祖喪明三年元嘗憂泣晝夜以祈福祐夢見一老翁以金鎞療其祖目居三日祖目果明其後祖卧疾再周元恒隨祖所食多少衣冠不解且多扶持及祖没號慟絶而復甦隨其父水漿不入口三日縣博士楊軌等三百餘人上其狀有詔表其門閭後舉孝廉官至朝散大夫南陽府軍事

後人立祠謂之張府君廟

裴漢　聞喜人性不飲酒而雅好賓遊其父没後遂斷絶遊從不聽琴瑟歳時伏臘哀慟而已撫養兄弟子情甚篤位車騎大將軍

柳慶　解州人起家奉朝請出後四叔及遭父憂議者不許爲服重慶泣而言曰禮者蓋緣人情若出後之家更有苴斬之服可奪此從彼今四叔薨背已久情事不追豈容奪情乖違天性時論不能抑遂以吉凶終喪

既葬乃與諸兄負土成墳服闋除中堅將軍

梁慎　其先安定人因官晉遂爲稷山人九歳志學善文辭天性至孝周三年授洛川曲周縣主簿親没泣血設影備几筵出告入面不異于生墓側結廬負土盆塚又植栢時有鳩翔醴泉之瑞絳州刺史孟説奏狀勅下旌表其門弟九思性秀美甫能言即知孝親敬長後以孝弟徵嵩嵐州録事參軍操履清潔不朞月教化大

行尋引退晨昏事父
母遺像有如生日

柳遐解州人有孝行爲雍州主簿父季遠卒於楊州遐自襄陽奔喪六日而至哀感行路奉喪西歸中流風起抱棺號訴風止浪息母孔患疽醫不能治遐吮膿疽愈後爲霍州刺史

柳機解州人修容儀有氣局仕爲華州刺史隋高祖欲受禪周臣皆勸機獨義形於色後歷刺華冀兩州俱稱寬惠卒贈大將軍荆州刺史謚簡弟弘少聰敏工草隸博涉羣書除内史上士帝令勞陳聘使及報聘占對敏捷見稱於時弟旦隋大業初拜龍川守開設學校大變其風徵爲太常少卿判黄門侍郎事弟肅爲太子洗馬坐除名煬帝召守禮部侍郎帝每幸遼東屢委守涿郡機從子祚少有名譽隋司勳侍郎機子述性明敏有幹畧仁壽中爲兵部尚書叅掌機密族子謇之幼爲齊王憲所奇以明經擢第拜上師中士歷兵部司勳二曹侍郎朝廷以謇之雅望善談論每令接對來使及出使外國皆稱旨出爲肅息二州刺史俱有惠政

隋

陳茂猗氏人質直恭謹高祖爲隋國公引爲寮佐嘗令典家事多稱旨高祖善之及受禪拜給事黄門侍郎封魏成縣男轉益州總管司馬遷太府卿毎典機密後進爵伯

趙綽字士倬河東人性質直剛毅仕周内史中士丁父艱哀毁骨立人稱其孝開皇初歷大理正尚書都官侍郎毎奏讞正色侃然上以盗賊不戢將重其法綽諫曰律者天下之大信其可失乎上納之上嘗欲赦蕭摩訶綽固諫不可欲綽去而赦之因令綽退食綽曰臣奏獄未决未敢退朝侍郎辛亶嘗衣緋褌上以爲厭蠱將斬之綽曰據法不當死臣不敢奉詔上怒甚曰卿惜辛亶而不自惜也命高頻斬綽綽曰陛下寧可殺臣不可殺亶至朝堂去衣當斬上使人謂曰竟何如對曰執法一心不敢惜死上拂衣入良久釋之時禁惡錢有二人在市以惡錢易好者上悉令斬之綽曰此人坐當杖殺之非法上曰不關卿事綽曰陛下不以臣愚暗置在

法司欲妄殺人豈得不關臣事訶之不肯退御史𨚫或切諫乃止時同郡薛胄爲大理卿俱名平恕胄斷獄以情而綽守法並爲稱職及卒上爲之流涕遣使弔祭鴻臚監護喪事二子方元襲

薛端汾陰人仕周累遷吏部郎中性直不避權貴因賜名端典選稚有銓鑑推進賢才不論門閥文帝多納其諫曰成我者卿也卒贈交城郡公謚質子胄少聰明每覽異書即曉其義嘗嘆訓註者不會聖人深旨輒以義辯之諸儒嘆服周明帝時襲爵入隋爲兗州刺史後遷刑部尚書

薛濬汾陰人端從子少孤養母以孝聞開皇中歷考功侍郎帝聞濬孝賜其母几杖輿服四時珍味母喪命鴻臚監護喪事歸葬夏陽時隆冬極寒濬跣霜雪中自京及鄉五百餘里足凍墮指朝野爲之痛傷州縣賵助一無所受尋起令視事竟不勝哀而卒

韓禽虎字子通雄子少慷慨以膽畧見稱容貌魁岸有雄傑之表性又好書經史百家皆畧知大旨周

文見而異之令與諸子游集後以軍功稍遷儀同三司襲爵新義郡公周武帝伐齊禽虎説下獨孤永業於金墉城及平范陽加上儀同永州刺史高祖拜爲廬州總管委以平陳之任甚爲敵人所憚及大舉伐陳爲先鋒領五百人宵濟襲采石取之進攻姑孰半日而拔江南父老素聞其威信來謁軍門晝夜不絶以精騎五百直入朱雀門平金陵執陳主叔寶賜物萬段優詔褒美封壽光縣公上柱國恩禮殊厚子世諤嗣禽虎母弟僧壽字元慶亦以勇烈知名以軍功授大將軍封昌樂縣公拜蔚州刺史突厥甚憚之進位上柱國改封江都郡公子孝基僧壽弟洪字叔明少驍勇善騎射膂力過人以軍功拜大都督平陳之役授行軍總管及陳平晉王廣大獵於蔣山有猛虎在圍中衆皆懼洪馳馬射之應弦而倒諸將皆歎伏以功加柱國檢校朔州總管事尋拜代州總管又兩平珠崖加金紫光祿大夫以疾卒

裴政字德表聞喜人高祖壽孫從宋武徙家於壽陽歷廬江太守祖邃父之禮皆有傳政幼聰明博聞彊

記達於從事爲當世所稱魏師圍荆州王琳自桂州來赴難政從間道先報元帝爲魏師所獲鎖之送至城下使誘城政詐許之告城中曰援兵大至各思自勉吾以間使被禽當以碎身報國監者擊其口令更其語終不易辭將殺之蔡大業曰此民望也若殺之則荆州不可下矣釋之江陵陷與城中朝士俱送于京師周文聞其忠授員外散騎侍郎引入相府命與盧辯依周禮建六官多遵古禮革漢魏之法授刑部下大夫轉少司憲政明習故事又參定周律能飲酒至數斗不亂簿案盈几剖決如流用法寬平無有寃濫囚徒犯極刑者乃許其妻子入獄就之至將行決死者皆曰裴大夫致我於死死無所恨其處法詳平如此開皇初轉率更令詔與蘇威等修定律令進位散騎常侍轉左庶子多所匡正時雲定興數入侍太子爲奇服異器進奉後宮又縁女寵來往無節政數切諫太子不納政謂定興曰公所爲不合禮度又元妃暴甍道路籍籍此於太子非令名也願公自引退不然將及禍定興怒以告太子太子益疎政由是出爲襄州總管妻子不之官所受秩俸散給寮吏

民之有犯罪者陰悉知之或竟歲不發至再三犯乃因都會時於衆中召出親按其罪五人處死流徙者甚衆合境惶懼令行禁止稱爲神明爾後不修囹圄殆無爭訟卒於官年八十著承聖實録十卷及太子纂高祖追憶之曰向遣裴政劉行本在共康弼之猶應不令至此子南金至膳部郎學涉有文藻以輕財貴義稱

薛道衡汾陰人祖聰魏濟州刺史父孝通常山太守道衡六歲而孤專精好學年十三講左氏春秋作國僑贊頗有詞致見者奇之其後才名益著弘農楊遵彥見而嗟歎隴西辛術與語歎曰鄭公業不亾矣河東裴讞目之曰自鼎遷河朔吾謂關西孔子罕値其人今復遇薛君矣仕齊拜中書侍郎仍參太子侍讀曾具陳備周之策時不能用入周爲御史隋高祖受禪除内史舍人兼散騎常侍聘陳爲主使因奏陳可代之策復與高熲言其必克有四熲忻然曰君言成敗事理分明吾今豁然矣本以才學相期不意籌畧乃爾高祖每曰道衡作文書稱我意謂楊素牛弘曰道衡老矣驅使勤勞宜使其朱門陳戟於是進位上開府賜物百段道衡辭

以無功高祖曰爾久勞階陛國家大事皆爾宣行豈非爾功也久之出檢校襄州總管在任清簡民懷其惠大業初轉潞州刺史歲餘求致仕因上高祖文皇帝頌帝覽之不悅謂蘇威曰道衡致美先朝此魚藻之義也於是拜司隸大夫會議新令久不決道衡謂朝士曰向使高熲不死令决當久行帝聞之怒曰汝憶高熲耶付執法勘之令自盡初道衡有空梁落燕泥之句及道衡死帝誦之曰更能作此佳句耶妻子徙且末有集七十卷於世子五人收最知名道衡兄温字尼卿燕郡太守齊安縣子收鍾山子邁字弘仁歷官刑選二部侍郎道衡從弟道實歷官禮部侍郎離石太守并知名於世

薛世雄汾陰人少頴悟不凡年十七從周武帝平齊以功拜帥都督開皇時數有戰功累遷儀同三司右親衛將軍凡行軍破敵秋毫無犯帝嘉之嘗曰世雄廉正節槩有古人風超拜右翊衛將軍卒於官

王通字仲淹其先祁人永嘉之亂東遷後乃于河汾家焉父隆精于周易春秋教授生徒開皇間以博士

承詔著興廢要論七篇出令昌樂猗氏銅川有異政入思慕之生通筮得素王卦知必能通天下之志遂名通少志仲尼之業遊學四方受書于東海李育學詩于會稽夏典問禮于河東關子明正樂于北平霍汲考易于族父仲華不解衣者六歲仁壽三年西遊長安文帝召見因奏太平十二策公卿皆不悅通知不能用作東征歌而歸退居西河續詩書正禮樂修元經讚易道九年而六經大就四方知名士多北面事之往來受業者千餘人大業初累徵不起十三年卒年三十三門人私諡曰文中子著有禮論十卷續書二十九卷續詩十卷元經十五卷讚易十卷又爲中說以擬論語子二福郊福時孫六勔勮勃劭助劼俱以文名

柳儉　解州人文帝如簡賢能擢拜蓬卯二州刺史獄訟者庭造不爲文書約束獄無繫囚及坐免妻子衣食不贍煬帝嘉其績授朝散大夫拜弘農太守清節愈厲帝問清名天下第一左右以儉對賜帛二百疋以旌之

敬肅字弘儉蒲州人少以貞介聞歷安陵令秦幽衛三州司馬長史俱有異績遷潁川郡丞以清節受知賜帛二百匹帝取天下郡官狀稱肅曰心如鐵石老而彌篤後乞骸骨優詔許之去官之日囊無餘貲

郭絢安邑人家素寒以軍功拜儀同歷數州司馬長史皆有能名大業初拜涿郡丞吏人悅服與柳儉等同以清名受賜帛時山東盜起絢逐捕多獲涿郡獨全後將兵擊竇建德於河間力戰而死人吏哭之數日不息

張文詡河東人父琚亘水令有清政教子姪皆明經自達文詡通三禮易書詩春秋三傳家貧灌園爲業仁壽中辟舉不應事母至孝以德化人及卒鄉人立碑頌焉

紐因字孝政安邑人性至孝後周武成中父母喪廬於墓側負土成墳廬前生麻一株高丈許圍之合拱枝葉欝茂冬夏常青有鳥棲在上因舉聲哭鳥即悲鳴時人以爲孝感武帝表其閭擢授其崇令開皇初卒其

子士雄少質直孝友喪父亦廬於墓側負土成墳其庭前有一槐樹先甚鬱茂及士雄居喪樹遂枯死服闋還宅死槐復榮高祖聞之歎其父子至孝下詔褒揚號其所居爲累德里

陳孝意河東人少有孝行隋大業中爲侍御史以父憂去職居喪盡禮有白鹿馴擾其廬人以爲孝感之應未朞起授鴈門郡丞在郡菜食齋居朝夕哀臨每發聲未嘗不絕倒柴毁骨立見者哀之後劉武周圍城外無聲援孝意誓以死守每遣使江都道路隔絶竟無報命旦暮向詔勅庫俯伏流涕悲動左右圍城百餘日糧盡爲校尉張倫所殺

裴子通聞喜人仕隋爲大中大夫哭母喪明白烏巢於塚樾兄弟八人皆有孝行詔表世爲義門裴氏元孫敬彝十二歲父臨黄令爲下所訟詣廵察使訴父受冤官大奇之問曾作賦否敬彝曰曾即命題作賦甚佳其父得釋後補陳王典籤一日忽泣涕謂左右曰大人疾病吾輒驚悸而痛今復然事叵測乃急請倍道而

歸父已卒哀毀踰禮武后時爲酷吏所陷死嶺南

裴眘 字歸厚叔業五世孫始自聞喜徙居稷山大業中爲淮安司戶參軍郡人楊琳田瓚等亂劫吏多死惟眘以仁愛賊不忍犯護之還鄉士論多之

唐

柴紹 字嗣昌臨汾人祖烈周驃騎大將軍歷遂梁二州刺史封冠軍縣公父慎隋太子右內率封鉅鹿郡公紹趫悍有武力以任俠聞尚平陽公主義兵起受長史領驍騎發晉陽先抵霍邑城下覘形勢還曰宋老生一夫敵我兵到必出戰可擒也大兵至老生果出紹力戰有功從下臨汾絳郡隋將桑顯和求戰紹引軍繞其背與史大奈合攻之顯和敗遂平京師封臨晉郡公高祖即位累從征討以多戰功進封霍國公吐谷渾党項寇邊勅紹禦之矢下如雨紹令人彈琵琶使二女對舞党不爲備紹從後掩擊大潰貞觀初平梁師都累加至

鎮軍大將軍子哲威歷右屯營將軍襲封譙國公坐弟令武謀反徙嶺南起爲交州都督卒於官

裴寂字元眞臨晉人仕隋歷侍御史晉陽宫副監贊唐高祖起義兵及卽位累遷尚書左僕射拜司空卒贈河東郡公子律師嗣爵終汴州刺史律師子承先武后時爲殿中監

王景喬聞喜人夏縣呂崇茂反宋金剛又寇澮州景喬率鄉黨千餘家據險抗賊卒獲保全太宗嘉之命檢校桐鄉令不受改爲驃騎將軍又不受高祖聞而徵之及見勞之曰卿固守忠誠克全鄉曲國有常典所以授卿每辭不受何也景喬對曰桐臣鄉也拒逆臣分也不敢爲功所以辭高祖善其對封桐鄉男加位開府

薛大鼎字重臣汾陰人高祖兵興謁龍門說帝絕龍門永豐倉就食者爲浩州刺史貞觀中累遷鴻臚卿徙刺滄州州有無棣河久湮塞大鼎疏濬屬之海商賈流行百姓歌之曰新溝得通舟檝利直達滄海魚鹽至昔日徒行今騁駟美哉薛公德滂被又疏長蘆漳衡三河分洩夏潦永不爲害是時鄭德本在瀛州賈敦頤在

冀州皆有治聲河北稱鐺脚
刺史遷荆州大都督長史

王績通弟隋大業中授秘書正字還鄉種黍蒔藥自號東皐子武德初待詔門下省官給酒一石飲至五斗不亂著五斗先生傳醉鄉記貞觀中撰隋書爲唐文人冠弟凝博學能文爲監察御史守正不阿人憚之

張玄素虞鄉人初仕隋爲景城縣戸曹竇建德執將殺之邑人千餘號泣請代釋之武德間爲景州錄事叅軍太宗聞其名召見問以治道玄素條對稱旨擢拜侍御史遷給事中太宗欲發卒修洛陽宮以備廵幸玄素上書極諫帝謂玄齡曰玄素所言極有理卽爲罷役或有事至洛陽雖露宿亦無傷也魏徵聞之嘆曰張公論事有回天之力可謂仁人之言矣歷太子左庶子

裴敬彝聞喜人曾祖子通隋大中大夫哭母喪明兄弟八人皆以孝蒙旌表敬彝性警敏七歲能文唐高祖時爲監察御史後歷太子左庶子武后時爲酷吏所陷死嶺南

高士廉霍州人佐太宗有大功圖形凌烟閣涉古今通政事臨難守節當官無黨立朝獻納搢紳莫不屬目累官至尚書左僕射封申國公贈司徒并州都督謚文獻

王珪河津人太宗時與魏徵同爲諫議大夫廷臣稱善諫者曰王魏官至侍中封永寧公謚曰懿

薛收字伯褒道衡子出繼族父孺年十二能屬文聞高祖興遂挺身歸房玄齡亟言之秦王王召見問方畧所對合旨授府主簿時討王世充軍事繁綜收爲書檄露布或馬上占辭該敏如素搆初竇建德來援遺秦王書請還潼關復修前好諸將爭言斂軍以觀形勢收獨曰不然世充據東都府庫實其近皆江淮選卒非苦之食耳是以求戰不得爲我所持今建德身總衆以來必飛輓轉糧更相資哺回則賊軍固勝負未可歲月定也不若嚴兵締壘戒勿輕出大王親督精鋭據成皋邀建德路一戰而舉不旬月二賊可縛麾下也王曰善遂擒建德降世充卒年三十三王慟悼之詰姓名爵里於十八學士子元超襲

呂子臧　蒲州人性剛直仕隋爲南陽郡丞及煬帝被弑子臧爲故君發喪武德七年朱粲新殺子臧欲圖之爲馬元規所止俄而粲衆復張元規嬰城賊聞急會霖雨雉堞崩剥或勸其降子臧曰我爲天子方伯且降賊乎乎乃率麾下數百人赴敵死城陷元規亦死之

竇靜　平陸人武德初并州大總管府長史時突厥數爲邊患糧道不屬靜表請屯田以省餽運歲收粟十萬斛又請斷石嶺以爲障塞

薛元敬　收與從父收族兄德音齊名世稱河東三鳳收爲長雛德音爲鸑鷟元敬以年最小爲鵷雛唐初爲天策府參軍直記室又與十八學士之選除太子舍人專掌文翰號稱職

柳冲　臨晉人楚賢子擢賢良方正博學強記尤明世族初貞觀中太宗命學者撰氏族志百卷以甄別士庶至是向百年而諸姓至有興替冲乃上表請改修氏族至先天初冲始與魏知古等共撰成姓族系錄一百

卷奏上開元二年又勅冲及著作郎薛南全刋定系錄奏上賜絹五百疋五年卒

盧陵河津人舉進士官至工部尚書幼讀書龍門山註春秋孝經每以經義決時事爲時所服

敬播蒲州人貞觀初舉進士除著作郎遷太子司議郎與纂隋史撰晋書凡例又修高祖太宗實錄删定

顔師古註漢書後議律令頗稱上意歷諫議大夫給事中

王凝通弟博學能文爲監察御史守正不阿人皆憚之

薛仁貴龍門人少貧賤其妻柳氏曰今天子自征遼東求猛將盍圖功名以自顯乃往應募仁貴恃驍勇着白衣以自標顯所向披靡賊遂奔潰帝望見馳使問白衣者誰始知其名召賜金帛人馬甚衆征高麗討賀魯破𤟤蕃伐突厥累官左武衛將軍封河南縣男先是高麗九姓衆十餘萬及仁貴三箭殺三人氣懾乃降歌曰將軍三箭定天山將士長歌入漢關子訥訥子徽並羽林將軍賜金吾將軍三世爲大將

柳範　觧州人貞觀中爲侍御史嘗彈治吳王恪好田獵太宗怒權萬紀不能輔道謂罪當死範進曰房玄齡事陛下猶不能諫止田獵豈宜獨罪萬紀上怒拂衣起曰何廷折我範謝曰主聖則臣直上乃解高宗時歷尚書右丞

羅道宗　河中人慷慨尚義貞觀末嘗謫嶺南有友人同斥者死於荊襄間臨終泣曰人生有死獨委骨異壤耶道宗慰之曰吾若還終不使君留此後果還柩於其家仕至太學博士爲時名儒

敬君弘　絳州人唐初封黔昌侯屯營兵守玄武門隱太子之死與中郎將呂世衡呼進皆戰没

盧操　河東人幼勤學通孝經論語事繼母張氏至孝張生三子溺愛之命操主炊操服勤不倦張遣子讀書命操隨驢執鞭三弟縱酒忤人致毆詬母操泣拜慰解之惡少云不忍以三賊而誣長者相與拜操而去繼母亡操持喪哀毁訓弟有恩後擢明經授臨勇尉

張志寛安邑人隋末喪父哀毀骨立爲州里所稱賊帥王君廓屢爲寇掠聞其名獨不犯其廬鄰里賴之而免者百餘家後爲里長于縣稱母疾急求歸令問其狀志寛曰母嘗有苦志寛亦有所苦向患心痛知母有疾令大怒繫之于獄驗其母竟如所言令大異之慰諭遣去

薛元超收子九歲襲爵高祖即位數上書陳得失帝嘉納轉中書舍人弘文館學士中書省有一磐石初道衡爲內史嘗據草制元超每見此石輙泫然流涕後帝疾政出武后因陽瘖乞骸骨卒贈光祿大夫

裴行儉字守約聞喜人忠憲公仁基子以廕補弘文生貞觀中舉明經補左屯衛倉曹參軍時蘇定方爲大將謂曰吾用兵世無可教者今子材賢乃盡畀以術遷長安令高宗將立武昭儀行儉憂之與長孫無忌褚遂良等秘議大理袁公瑜摘語昭儀母榮國夫人譖之左除西州都督府常侍麟德二年擢安西大都護西域諸國慕附之徵拜司文少卿咸亨初爲吏部侍郎與李敬玄馬載同典選設長名榜銓註等法定州縣升降資

摭以爲故事時稱裴馬亦云裴李行儉善草隸尤精陰陽筭術頁人倫鑒時王勃楊烱盧照鄰駱賓王並有才名行儉曰士人致遠先器識而後文藝勃等浮躁衒露豈享爵祿者哉楊子稍沉潛應至令長餘得令終幸矣蘇味道王劇時未知名行儉一見異之曰二公十數年後當居衡石晚年子息恨不見其成俱如其言所引偏裨程務挺張虔勗李多祚等數十餘人盡爲名將至刺史將軍者數十人有集二十卷選譜十卷安置軍等二十四訣

柳亶　字子卲楷之長子父嘗使高麗卒亶迎喪哀號東人傾慕唐永徽間歷中書令後貶愛州刺史

裴琰之　聞喜人永徽中爲同州司戸叅軍年少美儀容刺史李崇義初輕之州中積案數百道促使斷之琰之命吏書數人連紙進筆斯須判畢文翰俱佳且盡弖奪之理崇義大驚曰卿何忍藏鋒以成鄙夫之過由是大知名號霹靂手後爲永年令有惠政人吏刊石頌之

裴守貞聞喜人徙稷山眘子少孤母喪哀毀癯立養寡姊甚謹舉進士永淳初關中饑悉稟祿奉姊及諸甥身與妻子惡食無倦色轉太常博士天授中爲司府丞推覈詔獄務存平恕奏免數十家不合武后旨出爲汴州司馬累遷成州刺史吏民懷之轉刺寧州成人送者數千人卒贈戶部尚書

王勃龍門人通之孫父福畤爲雍州司功叅軍勃六歲善屬文麟德初對策高第授朝散郎後以罪廢官福畤坐勃故左遷交趾令勃往省父道出洪州爲閻都督作滕王閣序歎其天才初祖通續古尚書勃補完缺逸二十五篇兄勔進士劇天官侍郎弟助進士爲天官侍郎杜易簡稱爲王氏三珠樹

薛季昶河津人武后時爲雍州長史威名甚著嘗說張柬之等去武三思不聽後俱爲三思所害昶仕至戶部侍郎

敬暉字仲曄平陽人聖曆初爲衛州刺史是時河北經突厥所騷方秋而城暉曰金湯非粟不守豈有棄

農畝事池隍哉縱民歸歛闔部賴安武后幸長安爲副
留守以治幹聞璽書勞之長安二年授中臺右丞以誅
二張迎復中宗功加金紫光祿大夫進封齊國平陽郡
王

張嘉貞猗氏人以五經舉張循憲薦之武后召見儀止
秀偉奏對侃侃拜監察御史歷梁陳二州都督
政尚嚴肅明皇嘉之召回後爲中書侍郎同平章事卒
謚成肅子延賞

裴炎聞喜人寬厚有奇節明經及第拜中書令武后廢
中宗炎固爭請歸政后大怒捕繫獄坐死流嶺南

裴伷先炎從子年十七爲太僕丞時武后廢中宗繫炎
于獄論死伷先求面陳上封事曰陛下爲李氏
婦變易嗣子踈斥李氏封崇諸武臣伯父忠於社稷反
誣以罪戮及子孫陛下所爲如是臣實惜之陛下宜復
子明辟高枕深宮宗社可全不然天下一變不可復救
矣太后大怒杖朝堂流之中宗立擢工部尚書封翼城
公

衛大經　解州人有修行口無二言遂于易人謂之易聖武后時召之辭疾不應嘗豫筮死日鑿墓自爲誌

裴漼　琰之子累遷監察御史時吏部侍郎崔湜鄭愔坐贓爲御史所劾命漼同鞫其獄安樂公主上官昭容阿黨湜等漼竟正奏其罪當時韙之開元五年遷吏部侍郎典選數年多所特拔漼早與張說友善說在相位數稱薦之上嘉重焉擢吏部尚書封正平公諡懿

裴寬　漼從弟袞州刺史無晦子性通敏工騎射尤長彈棊投壺景雲中爲潤州參軍事刺史韋詵爲女擇婿會休日登樓見人於後圃有所瘞訪諸吏曰裴參軍居也問狀曰寬不以苞苴汚家適有以鹿餉者致而去不敢自欺故瘞之詵嘆異焉引爲按察判官許以女歸家語其妻曰常求佳壻今得矣明日幃其族使觀之寬瘠而長衣碧家人大笑呼爲碧鸛雀詵曰愛其女必覓賢公侯以貌求人乎妻之後兄弟八人皆明經及第臺

省典郡者五人子侄俱有名稱治第東京入院相對擊鼓而食當時榮之

尹知章翼城人少學未甚通忽夢人持巨斧破其心若内劑焉驚悟志思開徹遂明六經爲世通儒中宗時官太常博士因廟議出爲陸渾令坐事去張説表諸朝擢禮部員外郎轉國子博士與弟子講授不輟貧者周恤之不事産業卒于官著傳頗多行于時門人孫季良奏頌其德刻著東都國子監門外

薛稷字嗣通道衡曾孫屬文如良金美玉書畫皆名天下舉進士累官禮部郎中更歷兩省睿宗朝封晋國公

薛播榮河人蚤孤伯母林通經史善屬文躬授經諸子及兄弟開元天寶間兄弟七人皆擢進士播温敏而裕與人交有常李栖筠常衮並器之卒贈尚書

張琇解州人父審素以嶲州都督被誣爲御史楊汪所誅琇徙嶺南久之逃還殺汪于都城繫表於斧言

父冤狀吏捕以聞張九齡欲活之玄宗謂孝子不顧命殺之可成其志臨刑翛色自如曰下見先人夫復何恨

高秀巖 稷山人開元中從擊吐蕃以功授萬福府別將賜緋魚袋仍留衛京都累遷戶部尚書兼河東節度使安史之亂肅宗在靈武秀巖星奔行在獻謀刻日期復兩都帝善之乃隨郭子儀李嗣業舉兵預有勞績疾亟遺訓諸子曰潔已者事君之本精誠者神明之祐母近憸人毋遠耆德子八人皆顯

裴冕 字章甫聞喜人紀子玄宗朝王鉷爲京畿採訪使表署判官旣而譖毀之鉷弟銲坐大逆詞及鉷冕時下位抗言其誣鉷死李林甫用事寮屬引去賓客無敢窺其門獨冕爲殮葬論者義之河西節度使哥舒翰辟行軍司馬十五年玄宗幸蜀太子入平京建寧王倓曰裴冕衣冠名族必無二心速往就之上策也於是軍聲稍振詔太子爲天下兵馬元帥拜冕御史中丞兼左庶子副之與杜鴻漸崔漪等上箋請尊馬嵬之命卽皇帝位箋五上太子卽位靈武進冕中書侍郎同中書門下平章事封冀國公卒贈太尉配享肅宗廟

張巡　芮城縣人博通羣書身長七尺曉戰陣法志氣高邁開元末擢進士第爲清河令有治績後調真源令祿山反起兵雍丘與許遠合兵拒賊賊蟻附而上巡東萬灌油焚而投之積六十日大小三百餘戰賊敗走追之獲三千人賊將令狐潮至城中矢盡縛草爲人衣黑衣夜縋城下賊爭射之得矢十萬復縋城賊笑不設備乃以死士五百斫營潮軍大亂焚壘而去未幾潮復益兵圍之使郎將雷萬春于城上賊射之萬春面中六矢而不動潮疑謂巡曰向見雷將軍知足下軍令矣然其如天道何巡謂之曰君未識人倫安知天道及出戰擒賊將十四人賊乃夜遁尋尹子奇引兵圍城累戰皆克城中乏食茶紙馬鼠雀皆盡殺愛妾享士謂將士曰吾受國恩所守只有一死耳但念諸君捐軀力戰而賞不酬勳以此痛心耳諸將皆感激巡西向再拜曰臣力竭矣生無以報陛下死當爲厲鬼以殺賊城遂陷與許遠等三十六人皆被害後贈楊州大都督墓在芮城縣東十里南張村

薛訥字慎言仁貴之子也玄宗召爲左軍節度後以北伐吐蕃大克封平陽郡公謚昭定

史建堂河津人唐以功封大元帥史簡其後裔也簡官忠翊校尉生子真真之子遷

裴耀卿字煥之守真子八歲以神童擢甲第遷兗濟州太守時玄宗皇帝東廵至岱供帳東道者十有六州濟爲要衝耀卿拮据供應豐省中程鑾輿返分別賢否頃監使劉日正勸農使盧怡交章治行第一帝曰裴耀卿表數百言莫非規諫眞良吏也大水决河諸郡皆侯詔興役耀卿獨臨河護作而成方在河上時詔命宣州刺史恐人怠功秘之督築如故役畢國人皆賀乃出詔命示之郡民駭曰不虞公去之速也咸遮道留之信宿始得行後以討奚契丹有功累京兆尹同平章事謚文獻

裴遵慶字少良聞喜人天寶進士第一幼而篤學内明外晦不干當世補興寧丞調大理丞邊將蕭克濟督役苛暴役有醜言有司以大逆論遵慶平之救全數十族代宗時僕固懷恩叛命遵慶宣慰聽命將入朝

爲其將范志誠沮止時帝在陝遵慶脫身赴行在遷太子少傅以尚書僕射知選事每薦賢即削其疏稿雖親近莫知嘗有族子病狂告遵慶謀反帝知其謬置弗問著王政記述古今治體集

高霖皇稷山人秀岩子兄弟同以孝友直方聞於時充成德軍節度使兼都虞候經畧副使竭力盡心大著政績

柳縈躬從裕子爲德清令世德廉孝風于河滸士之稱家風者歸焉

柳澤慶休次子鯁介寡言景雲中爲鎧曹參軍太平公主奏復斜封官澤請闢上疏不報開元中爲御史諫止周慶立進奇器玄宗善之

裴光庭性靜默寡交遊明皇朝拜侍中弘文館學士初知星者言天象變不利大臣請禳之光庭曰使禍可禳而去則福可祝而來也論者以爲知命識忠憲

裴稹　光庭子以蔭累遷起居郎開元末壽王瑁以母寵欲立爲太子稹引申生戾園以諫玄宗改容謝之詔授給事中稹辭曰陛下絶諂諫之路爲日滋久今臣一言荷殊寵言者將衆何以錫之帝善之尋授祠部員外郎

張介然　猗氏人性愼愿有計畫始爲河隴支郡太守與節度使署營田支度等使入奏稱旨賜與甚渥介然啓曰臣位三品當給棨戟若列於京師不爲鄉人所知願得列戟故里明皇許之別賜戟京師門第本鄉得列戟自介然始安祿山反授河南節度採訪使守陳留城陷被害

薛愿　榮河人爲潁川太守祿山陷陳留等郡方圍南陽潁川適當其衝愿與副使龐堅協守城中儲蓄無素賊攻益急與堅俱被執送見祿山於東都縶之洛水屬天寒一夕凍死

柳芳　解州人善文史開元末由永寧尉直史館肅宗時與韋述綴輯吳兢所次國史凡百五十卷又倣編

年法爲唐曆四十篇時稱其得史體後改集賢殿學士

柳登字成伯芳之長子淹貫羣書年六十餘始仕爲大理少卿與許孟容等刊正勅格官至尚書郎秘書少監

柳冕字敬叔芳之次子博學富文詞世爲史官與父並居集賢院以議論勁切忤執政出爲刺史轉觀察使

柳璟歷吏部員外郎翰林學士奉詔繼成永泰新譜二十篇轉吏部侍郎終柳州刺史

柳鎮察躬之子肅宗平賊鎮上書言事擢兵曹參軍佐郭子儀府官至侍御史

張子英絳縣人與裴敬彝張志寬同以孝著列名唐書孝友傳

裴倩字容卿歷信州刺史勸民墾田二萬畆以治行賜金紫遷度支郎中謚節

王顔臨晉人晉河東太守司空卓之裔唐慈州文城縣令景祚之孫郴州郴縣丞簡真之仲子登大曆二年進士拜御史中丞出虢州刺史顔好古博極羣書洞悉氏族見六朝以來太原瑯琊二望並稱周靈王太子晉後心竊非之謂太子十八登僊何得有嗣乃援据往牒斷以王氏爲平王之孫赤之後用告來世

張次宗爲中書舍人四代皆掌書誥前此未有

盧綸字允言河中人德宗朝韋渠牟表其才召見帝有所作輙使賡和號大曆十才子四子簡能簡辭弘正簡求皆有文名第進士

薛公達擢進士第佐鳳翔軍

耿湋河東人寶應二年進士爲大理司徒終左拾遺有詩集行世

董晉字混成臨晉人擢明經大曆中李涵署判官使回紇有功累遷尚書右丞貞元中拜相後封隴西郡

公事具韓愈行狀子全道全素溪澥俱登仕籍

柳晟 潭之子少以孝聞從德宗幸奉天自講說賊爲朱泚捕繫晟毀械夜亡間歸奉天及車駕還京累遷節度使回鶻還進爵公

曹萬戶 隰州人隋煬之季羣雄蠭起曹翁勇力絕人嘗爲萬戶軍命三子各率所部兵經畧隰之郡邑爲民保障後父子歸唐相繼撫綏歿後鄉人思之請於朝建廟崇祀

呂諲 蒲州人少力學士行整飭第進士哥舒翰表度支判官勤總吏職諸僚或出遊諲獨據案鉤覈最趨靈武見肅宗拜御史中丞所陳時事皆納之後擢同平章事出爲江陵尹治有威惠民歌咏之爲搆生祠卒贈吏部尚書

薛嵩 志氣豪邁以膂力騎射自負爲檢校刑部尚書兼相衛洺邢節度使

薛平 嵩子河津人年十二爲磁州刺史轉汝州皆有美政累陞工部尚書御史大夫鄭滑潁等節度觀察處置等使數載有功治黄河水滑人無後患爲左金吾平子從爲汾州刺史堤文瀘二水溉田汾人利之贈工部尚書

裴諝 字士明寬子母喪居東都史思明亂逃山谷間思明故寬將也德寬恩且聞諝名遣捕騎跡獲之喜甚呼爲郎君僞授御史中丞賊殘殺宗室諝陰援之全活數百人密疏賊虚實於朝事泄思明根罵垂死而免賊平除太子中允代宗幸陝徒步攜印赴行在帝嘉之曰疾風知勁草德宗即位尚刑名百吏震慴時大行將藏陵事禁屠宰郭子儀家人宰羊諝列奏帝嘉其不畏彊禦或曰尚父社稷臣不爲地乎諝笑曰尚父貴盛上新郎位必謂党附衆今發其細過上盡事君之道下安大臣不亦可乎汾陽聞之悦服贈禮部尚書

裴向 字儫仁遵慶子少有學以廕得調建中初同州刺史李紓奏署判官時李懷光叛使其將趙貴先築

壘同州紆奔奉天以向領州事貴先脅吏督役不及期者斬民駭散向詣貴先開諭之乃降州得不陷歷陝虢觀察使以吏部尚書致仕內外親屬百餘口俸祿必均世稱孝睦

衛次公蒲州人建中間進士歷殿中侍御史翰林學士順宗立王叔文等弄威柄次公多持正後以檢校工部侍郎爲淮南節度使

呂温字和叔有奇表藻翰精好建中四科貞元中召爲集賢校書治書侍御史謫道州司馬遷衡州刺史卒于官二州之人哭者逾月劉夢得云和叔年少遇主而卒以謫似賈生能明王道似荀卿始學左氏書故其文徵爲富艷元微之有詩哭之

張延賞嘉貞子博涉經史通曆法大曆初除河南尹治行第一所至民頌其愛後拜中書侍郎同平章事

張喜佑任金吾衛將軍毋朝軒蓋驕道盈閭巷

張弘靖元和中同平章事繼祖父三世入相並有名德時稱三相張家號其所居爲鳴珂里

呂渭蒲州人舉進士建中末爲禮部侍郎時中書省有古柳枯死德宗自梁州還復榮茂人以爲瑞柳渭令貢士賦之子恭與父齊名柳子厚以爲賢豪絕人

柳渾慶休子幼有相其夭者父令從釋渾曰去聖教爲異術不若速死學愈篤第進士官至中書平章事忠直敢言嘗料吐蕃劫盟果然德宗厚禮之謚貞

王含河津人績之後長于詩文有祖風韓昌黎推重之嘗爲書文以相交往

暢當河東人進士第貞元初爲太常博士昭德皇后崩皇太子服制無文當奏晉元皇后崩杜預議古太子三年喪既葬除服魏亦既葬爲節今皇太子宜如魏晉制帝曰皇太子服期初非朕意暢當等請如魏晉故

事至論也嘗以爲令遷果州刺史卒

馬存亮蒲州人爲左神策中尉監淮南軍逮事德宗更六朝忠貞端謹唐世中貴之賢惟存亮與西門李元嚴遵美三人而已

封常清猗氏人幼孤貧從外祖學年過三十未有名一日投牒請豫都知兵馬使高仙芝下僕從仙芝以貌陋兩請不納常清怒曰我慕公義願事鞭靮公以貌取士恐失之子羽仙芝不得已寘名傔中會討達奚諸部常清潛作捷布甚悉仙芝取讀皆意所欲出乃大駭即用之遂知名累以軍功擢爲范陽節度使

薛珏字温如蒲州人初仕爲乾寧令以清白聞課第一遷楚州刺史德宗命使者分諸道黜陟李丞狀其簡趙贊言其廉盧翰稱其肅交薦之拜中散大夫賜金紫除司農卿

裴行立稷山人橋卿孫伯言子重然諾學兵有法母亾泣血幾毀以軍勞累授涉州刺史遷衛尉少卿

口陳願治民試一縣自效除河東令寛猛時當著有治績由蘄州刺史遷安南經畧使環王國叛人李樂山謀廢其君來乞兵行立不受命部將杜英策討斬之歸其孥蠻人悅服英策及范廷芝皆洞谿豪也隸於軍他經畧使多假借暴恣干法行立陰把其罪陽貸之許自效故能得英策死力廷芝嘗休沐久不還行立召之約曰軍法踰月斬異時復然爾且死後廷芝又踰期行立笞殺之以屍還范氏更擇其良子弟以代威肅風行徙桂管觀察使黄家洞賊叛討平之代桂仲武爲安南都護召還道卒年四十七贈散騎常侍

裴垍字弘中聞喜人弱冠舉進士貞元中制舉賢良極諫對策第一元和初召入翰林學士知制誥轉考功郎中中書舍人三年詔舉賢良皇甫湜對策激切牛僧孺李宗閔亦苦詆時政考官楊於陵韋貫之取三子皆上第垍覆視無異及爲宦幸泣訴請罪于上憲宗出楊韋官罷垍翰林學士爲户部侍郎然上知垍直信任彌厚其年秋李吉甫出鎭淮西以垍代爲中書侍郎同平章事垍素峻整雖宿貴不敢干以私有故人求京兆

曰公才不稱此官謝之吐突承璀初自東宮有幸欲乘間關說帝以垍在側誡無言帝素憚垍每稱其官不名上籍李錡家輸京垍與李絳言錡剥六州以富其家今以籍輸京恐遠近失望請賜浙西百姓代租賦上嘉從之垍在翰林與李絳崔羣同掌密命及相用韋貫之裴度知制誥李夷簡爲御史中丞後踵爲相其餘量才副職皆叶人望朝無倖人時稱元和之治

陽城　字亢宗夏縣人初求爲吏隸集賢院竊院書讀之無所不通遠近慕其行來學者接跡于道李泌言之德宗拜諫議大夫五年不言韓愈作爭臣論譏之城與二弟延賓客日夜飲八年人不能窺其際及裴延齡誣陸贄等帝怒甚無敢言者城約拾遺王仲舒等守延英閤上疏極論延齡罪申救陸贄等累日不止帝大怒召宰相抵城罪皇太子開救得免帝欲相延齡城曰若用延齡爲相吾當取白麻壞之哭于庭坐是遷國子司業簡孝秀講經籍生徒斤斤皆有法度出爲道州刺史太學諸生何蕃等二百人頓首闕下請留數日不得上

至道州州產侏儒歲貢上城至無所進上使索之奏曰州民盡短若以貢不勝數矣自是罷父老感之以陽名子觀察督賦急城自署曰撫字心勞催科政拙考下下順宗立召還而城已卒

范希朝　臨晉人德宗幸奉天以戰守功累遷御史中丞復爲振武節度使斥邏嚴密邊人不敢橫憲宗時檢校尚書左僕射歷朔方河東節度使率師討王承宗敗之時號名將以太子太師致仕

裴佶　字弘正稷山人綜子幼能文第進士補校書郎授藍田尉帝幸梁佶奔行在授補闕李懷光以河中叛佶建議請討詔用盧杞爲饒州刺史佶執不可還諫議爲黔中觀察部落安服歷同州刺史中書舍人尚書右丞改吏部侍郎以疾爲國子祭酒卒贈吏部尚書謚貞佶清勁明銳所與友皆第一流若鄭餘慶尤厚善旣歿餘慶爲行服士林美之子泰章給事中子孝瑣孫磵

樊澤　蒲州人舉賢良方正喜兵法有將帥才擢左補闕嘗召對延英殿德宗嘆其論兵合意旨累遷山南

東道司馬節度使擒賊將張嘉瑜等取唐隋二州感惠著襄漢間後加檢校尚書左僕射卒帝罷朝贈司空子宗師力學通解著春秋傳魁紀樊子凡百餘篇别集尤多韓愈稱其議論平正有經據嘗薦其才累官絳州刺史有治績進諫議大夫未拜卒

趙匡　蒲州人與陸淳啖助同解春秋爲時名儒後學宗之歷官澤州刺史

薛戎　字元夫榮河人年四十不仕客陽羨山觀察使辟署不就自放江湖間後因藩府交薦爲河南令累遷浙東觀察使政尚寬和弛苛禁有善歸之所部官無灼灼聲去八思之俸給多濟内外親故卒贈左散騎常侍弟放端厚寡言居官達治理之要以論語爲六經精華孝經爲人倫大本舉進士累官刑部侍郎

張瓚　河中人才器超邁年未二十以鄉試魁陜西河東不幸夭亾張吉甫吊之曰惜哉器之眞丈夫少年讀徧天下書一事不成死於途其爲名流嗟惜如此

曲環安邑人少喜兵法勇敢善騎射天寶大曆中累立
戰功德宗初威名益振賜名馬封魯昌郡王李希
烈陷汴州環斬賊三萬五千級進檢校工部尚書兼陳
州刺史希烈平改陳許節度二州比爲寇衝民苦剽鹵
客他縣環勤身節用寬賦斂簡條教不三歲歸者襁保
訓農治兵穀食豐衍轉檢校尚書左僕射卒贈司空
柳宗元字子厚解人曾祖奭中書令父鎮殿中侍御史
宗元文章卓偉第進士中博學宏詞科拜監察
御史坐王叔文黨貶永州司馬徙柳州刺史革男女質
錢之俗觀察下其法於郡歲免歸甚衆爲文益進與韓
愈齊名世號柳柳州有文集傳世嘗謂崔羣曰好辭工
書皆病僻也吾不幸早得二病日思鉏砭卒不能去
裴度字中立聞喜人貞元五年進士初授河陰縣尉拜
監察御史疏論權倖出爲河南功曹元和六年以
司封員外郎知制誥轉郎中魏博節度使田季安卒子
懷諫幼牙軍立田興爲留後詔度宣諭魏人悅服還拜
中書舍人改御史中丞下邽令裴寰爲五方鷹犬使所
奏上怒下寰獄宰相不能救上以事語度對曰令長憂

惜百姓如此豈可加罪上釋之轉刑部侍郎奉使蔡州宣論諸軍還帝問諸將才對曰臣見李光顔見義能勇終有所成未幾破賊帝嘆度知人王承宗李師道謀緩蔡師伏盜京師刺宰相武元衡及度度傷首[illegible]墜得不死議者請罷度安二鎮反側帝怒曰度得全天也若罷賊計行矣朕倚度一人足破三賊傷愈拜中書侍郎同平章事時討蔡數失利羣臣爭請罷兵度奏病在心腹不去終大患兩河視順逆臣請身自督戰明日延英重議上獨留度曰卿必能爲朕行乎度俯伏流涕曰臣誓不與賊俱存昨見元濟乞降表賊實窘蹙諸將不一未能成功臣自赴行營諸將各欲立功破賊必矣上然之拜淮西宣慰招討處置使元濟就擒度下令除元濟苛政蔡人始知有生人之樂以蔡牙卒置帳下曰蔡人即吾人也申光之民即時平定還朝加金紫光祿大夫弘文館大學士上柱國封晉國公五坊使楊朝汶以私債許盧坦子錢諫官交論之度與崔羣極言憲宗曰且與卿論東郡此小事我自處置度曰用兵小事也五坊追捕平人大事也兵不理祇憂山東五坊暴横恐亂輦轂

上不悅久乃悟召朝汝數曰爲爾使我羞見宰相遂命
誅之開成二年詔以本官兼太原尹北都留守河東節
度使固辭不許遣官宣慰曰卿雖多病爲朕卧鎮北門
可也三年冬病甚乞還東都許之四年詔還京拜中書
令寢疾未任上遣國醫就第胗視上賜宴曲江羣臣賦
詩度疾不能赴上遣中使賜詩仍札曰朕詩集中欲得
卿唱和詩故令示此勉加調攝詔及門度已薨自爲志
年七十六歲遺表以儲貳未定爲憂上震悼輟朝四日
贈太傅以晉國公加中書令配享憲宗廟子五人識諶
讓諗議識字通理性通敏書經目不忘襲晉國公出爲
涇原節度使治保障飭戎器開屯田立戍限邊人悅之
加檢校戶部尚書歷鳳翔忠武天平邠寧靈武等軍節
度使進檢校尚書右僕射卒贈司空謚昭祀平凉名宦
諗應補歷考功員外郎翰林學士累遷工部侍郎詔加
承旨終太子少師封河東郡公黃巢盜國進以官不受
遂遇害
裴潾聞喜人篤學善隸書元和初擢左補闕遷起居舍
人憲宗喜方士潾舉秦漢事以諫帝怒貶江陵令

穆宗立召拜刑部郎中持法不阿嘗裒古今辭章續梁
昭明太子文選自號太和通選卒贈戶部尚書謚敬

胡証 解州人舉進士累遷諫議大夫元和間以材畧選
拜振武軍節度使後以兵部尚書爲和親使請儉
用省費以絶鬻官之濫使漢南欲脇屈之証固不從還
拜工部侍郎

薛存誠 字資明滎河人進士第憲宗時累官御史中丞
浮屠鑒虛倚宦竪爲姦坐事下獄存誠窮劾得
贓數十萬有詔釋之存誠不奉詔鑒虛竟抵死時論直
之子庭老進士第讜正有父風文宗時累官翰林學士

毛若虛 太平人任陝西武功縣丞眉長覆目性鷙悍不
避權要累官至御史中丞

薛苹 滎河人爲長安令歷虢州刺史憲宗時奏最遷御
史大夫封河東郡公所居守法度務在治身安人
祿賜分親故家無餘藏卒贈工部尚書謚宣子膺爲右
補闕內供奉次齊佐興元李絳幕府絳遇害齊死之

崔元亮 吉州人擢進士第元和初爲駕部員外郎清慎
自持太和中改諫議大夫毎遷官輙讓形于色

文宗時以直諫名朝廷推爲宿望移疾歸東都召爲虢州刺史

楊巨源　蒲州人初爲太常博士太和中遷國子司業以能詩訓後進及致仕歸丞相惜之白以爲本郡少尹不絶其祿有詩集行世

王質　通五世孫少孤客壽春力耕養母講學授徒無仕進意逾四十始擢科累官諫議大夫以直諫出爲虢州刺史後爲河南尹終宣歙觀察使清白畏慎所至有惠愛

薛逢　蒲州人會昌初進士調萬年尉崔鉉爲相引置弘文館歷侍御史有薦逢知制誥者爲當道所忌出爲巴州刺史遷秘書監有文集行世

薛齊　寶鼎人右補闕内供奉薛膺之子河東郡公苹之孫佐興元李絳幕府絳遇害齊因死之

王駕　字大用河中人昭宗大順初進士及第仕至尚書禮部員外郎自稱守素先生與司空圖鄭谷爲詩

友著有
詩六卷

司空圖　字表聖虞鄉人咸通末擢進士第王凝貶商州
圖感知己往從之凝起觀察宣歙乃辟置幕府
召爲殿中侍御史不忍去凝府坐劾左遷光祿主簿分
司東都故相盧攜居洛嘉圖節義常與之游攜復執政
召拜禮部員外郎尋遷郎中黃巢陷長安奔行在拜知
制誥遷中書舍人後還河中累拜諫議大夫戶兵二部
侍郎皆固辭隱居王官谷朱全忠篡位召爲禮部尚書
不起哀帝被弑圖聞不食而卒其志凛凛與秋霜爭嚴
真烈丈夫哉嘗斐松枝爲筆管曰幽人筆當如是與人
跡不名官位但稱知非子又稱耐辱居士

曹文行　安邑人與孫懷應相里志降陽王操邵泫同張
衛曹存勳李文褒董文海李文秀張僊兒張公
憲皆事親居喪著至行者任君義衛開皆數世同居者
天子皆旌表門閭賜粟帛州縣存問復賦稅有授以官
者見
唐書

姚棲雲河中永樂人父没於邊廬墓終身詔表其門子岳親喪廬墓岳子君儒君儒子師正皆居親喪廬墓歷四世焉

後五代

裴迪河東人明敏善治財賦精簿書梁祖用兵四方留迪以調兵賦梁祖自岐還將吏皆賜迎鑾協贊功臣梁祖曰協贊之功惟裴公有之他人不足當也

裴皞蒲州人仕唐爲禮部侍郎每陳朝廷闕失宰相桑維翰皞所取進士維翰過皞皞不迎送人問之曰我見桑公於中書庶僚也桑公見我於私第門生也何迎送之有

裴約聞喜人唐莊宗以李嗣昭爲昭義軍節度使約以裨將守澤州嗣昭卒子繼韜以澤潞叛降于梁約集州人泣而諭曰繼韜違背君親吾寧死於此不能從以歸梁也衆皆感泣梁遣董璋率兵圍之約與州人拒

守求救于莊宗莊宗聞繼韜叛降梁頗有憂色及聞約
不叛喜曰約能分逆順耶吾不惜澤州與梁一州易得
約難得也命符存審五千騎馳取約來及存審至遼州
而梁兵已破澤州矣約戰死澤州立廟祀之

劉訓　永和人父和仕唐爲兵部尚書隰州刺史高誼偉
績裨時風世訓仕後唐至彰武軍節度丹陽等州
觀察制置使耀忠保節建績

傳芳後封開國侯贈太尉

桑維翰　浮山人幼苦學慨然有志於公輔初舉進士主
司惡其姓與喪同音不取人有勸其不必舉進
士者維翰著日出扶桑賦以見志又鑄鐵硯示人曰硯
穿則改而他仕竟登進士及第仕晉爲翰林學士平章
事晉氏之興維
翰之力居多

楊彥詢　寶鼎人晉高祖鎮太原以爲太原節度使天福
七年徙鎮國遭歲大饑爲政有惠愛民賴以甦
以病風罷爲金吾上
將軍卒贈太子太保

宋

王繼勳 平陸人初仕後周歷憲麟等州刺史宋初授道州刺史嘗上南漢可圖狀王師南伐以爲賀州道行營都監繼勳有武勇在軍陣常用鐵鞭鐵槊鐵檛人目爲王三鐵

袁彥 河東人少以驍勇應募嘗從周世宗討淮南累官彰信節度使宋初加檢校太尉

裴瑾 萬泉人仕至永清軍節度掌書記乾德初轉右補闕隸職如故開寶初加上柱國

柳開 河中人父承翰仕周官至監察御史開幼有器識作文宗法韓愈嘗有書生接語以貧不能葬親將謁友求資開問費幾何曰得錢三十萬可矣開即罄其貲得白金百兩錢數萬以遺之仕爲代州守韓城壘戰具以禦寇

劉綜 虞鄉人雍熙初舉進士累官陜西轉運副使景德中拜樞密直學士知并州以政績聞及去州民乞

留優詔褒奬弟緯舉
進士官至刑部郎中

李興 蒲州人咸平間契丹內侵眞宗狩魏興以東班殿
侍隨節度使康保裔提兵赴敵軍陷與死之詔其
子桓爲西班殿直累官
皇城使賀州團練使

邢昺 浮山人邃於學侍太宗進講易師比二卦帝嘉其
精博召爲國子監丞專講學之任眞宗始置翰林
侍講首以命昺後至學士
嘗註論語孝經行於世

薛田 河東人少師种放與魏野友善進士起家歷知河
南府天雄軍益州累遷右諫議大夫知延同二州
性和厚才幹敏
數爲大臣所稱

裴濟 字仲溥稷山人耀卿八世孫少事晉邸出補太康
鎮將太平興國中江表盜起命爲巡檢遷崇儀副
使轉崇儀使監戎兵於威魯軍次鎮州夜有盜騎假官
軍至濟曰此必妄也不納及旦果遯去太宗嘉之遷西

上閤門使尋知定州契丹三萬騎來攻濟逆擊徐河斬獲甚多淳化初爲鎮州行營鈐轄使於唐河擊賊有功優詔褒美歷定鎮二州凡十五年威績甚著再領順州團練使知靈州諜輯八鎮興屯田之利民甚賴之時清遠軍陷夏人大集斷饟道孤軍絕援濟刺指血染奏求救兵不至城陷死之上聞嗟悼特贈鎮軍節度使子德裕以餘廕自四門助教拜太子右贊善大夫累官少府監勳上柱國爵開國侯以老分司西京爲吏廉清不擾始知蓬絳解虢澤沂六州皆有能政

高繼嵩霍州人唐相士廉後以武勳進事真宗仕至銀青光祿大夫檢校太子賓客保州刺史兼御史大夫騎都尉渤海縣開國伯贈武定軍節度使

董孝章解州人真宗時十世同居同時又有潞州邢濬八世同居隰州趙友七世同居以所在請加旌表從之仍蠲其課調

薛顏　萬泉人舉三禮中第歷河東陝西轉運使河中浮橋歲爲水所敗顏釃上流爲支渠以殺水怒因取渠水溉田民頗利之仁宗即位遷給事中歷光祿卿

司馬池　夏縣人少孤家貲數十萬悉推諸父而自力讀書舉進士知光山縣仁宗朝知鳳翔府召知諫院表懇免上曰人皆嗜進池獨嗜退官至天章閣待制知晋州初池將試殿庭報母亡友匿其書池心動遂馳歸

王曙　河津人唐東皋子績後中進士累官樞密直學士知益州仁宗時拜同中書門下平章事卒諡文康子益柔少力學通羣書官龍圖閣學士知應天府

孫復　字明復平陽人舉進士不第居泰山著春秋遵王發微二十篇石介及魯學者多師事之年五十不娶枯槁憔悴鬚鬢皓白故相李廸守兗見之歎曰先生年五十一獨居誰事左右不幸風雨飲食生疾奈何吾

弟之女甚賢可以奉箕帚復固辭遁曰吾女不妻先生不過一官人妻先生德高天下幸婿李氏復曰相公女不以妻公侯貴戚而固以嫁山谷衰老藜藿不充之人相國之賢古無有也乎不可不成相國之賢遂娶之李氏亦甘淡薄事其夫盡禮給事孔道輔剛直嚴重不妄與人聞其風欽侍左右慶曆中范仲淹富弼言其道德經術宜在朝廷召拜國子監直講後坐貶翰林趙槩等上言復行爲世法經爲人師不宜棄遠方復原職官至殿中丞嘉祐中卒復在太學天子臨幸賜緋衣銀魚及喪予其家錢十萬公卿大夫士庶諸生相吊賻治喪事方病時韓琦言于天子選書吏給紙筆命門人祖無擇就其家得書十五篇錄之藏于秘閣葬鄆州須城縣盧泉鄉之北邑

原子大年

張觀垣曲人中服勤詞學科第一通判解州仁宗時擢御史中丞條上十餘事拜同知樞密院事後遷尚書左丞趣尚恬曠持廉少欲仁宗嘗飛白書清字賜之以賞其節

張會元　翼城人仁宗朝鄉舉累舉進士不第退而講授于學一時人才彬彬有造募修文廟先聖賢像

文潞公記稱之載學官志祀鄉賢

司馬旦　字伯康池子清直強敏由秘書省校書郎歷鄭祁縣知梁山軍安州治郡有大體所施設適理便事惠政及人歷官大中大夫熙寧八年致仕旦澹薄無慾與人交以信義喜賙急友愛弟光尤篤光被召門下侍郎固辭不拜旦曰生平誦堯舜之道思致其君今時可而違非進退之正也光憣然就位天下聞之皆欣然爲長者之言與富弼文彥博諸賢爲真率會衣冠偉然所至都人聚觀之旦生於丙午又與程珦諸賢爲同甲會賦詩繪像世稱盛事比唐九老云仲子富字希道善屬文仕爲承議郎通判陝州事季子宏性剛正紹聖黨事起上書論辯得罪謫永州終陳留令卒死於黨禍

司馬里　字昭遠温公再從兄父沂贈尚書都官郎中以孝謹稱喜賙鄉人而自以惡衣食終其身里第

進士麗籍爲鄜延經畧使奏通判鄜州州將不法里正
色力争不少假借廉靜質直所至有惠政毎罷官至京
師未嘗有所謁終太常少卿爲人孝友寬厚容物内守
勁直善爲詩

司馬宣字周卿温公再從兄父浩慷慨尚義葬其族二
十喪贈衛尉卿宣以廕補累官駕部員外郎初
爲華州司户叅軍時多滯獄宣爲直而釋之及母喪歸
釋者炷香於頂泣送之宣履官廉正處事精詳喜愠不
形恬靜不矜及卒
聞者無不嘆惜

司馬光字君實池次子七歲凛然如成人聞講左氏春
秋愛之手不釋卷嘗作圓木爲警枕少睡則枕
轉而覺卽起讀書寶元初進士時年二十初判并州擢
同判尚書禮部言日食不滿分不當賀繼言儲嗣當立
帝皆納之累官端明殿學士知永興軍上疏極言青苗
助役法不便因求去判西京御史臺歸洛自是絶口不
論事帝謂資治通鑑賢于荀悦漢紀數促使終篇及成
加資政殿學士凡居洛陽十五年天下以爲真宰相田

夫野老皆號司馬相公婦人孺子亦知爲君實也神宗
崩赴闕臨衛士望見皆以手加額所至民遮道聚觀曰
無歸洛留相天子活我百姓哲宗初召拜左僕射元祐
元年得疾時青苗免役將官之法猶在西戎之議未決
光嘆曰四患未除吾死不瞑目折簡與呂公著云光以
身付醫以家事付愚子以國家事屬公旣而詔免朝覲
許乘肩輿三日一入省光不敢當曰不見君不可以視
事詔令光子康扶入對乃論免役五害又立十科薦士
法皆從之拜尚書左僕射兼門下侍郎遂罷青苗復常
平司是時兩宮虛已以聽遼夏使至必問起居勅邊吏
曰中國相司馬矣勿輕生事開邊隙海内之民得離新
法之苦歡若更生稱其有旋乾轉坤之功光自以言行
計從欲以身殉社稷爲之盡力病革不自覺諄諄如夢
中語然皆朝廷天下事也卒贈太師溫國公諡文正京
師人罷市往弔鬻衣以致奠嶺南封州父老亦相率具
祭都中四方皆畫像以祀飲食必祝光孝友忠信恭儉
正直居處有法動作有禮事兄旦如父自少至老未嘗
妄言自言吾無過人者但平生所爲未嘗有不可對人

言者耳誠心自然天下敬信陝洛間師其學化其德有不善曰君實得無知之乎于學無所不通惟不喜釋老曰其微言不出吾書其誕吾不信也有文集八十卷他著述二十種五百餘卷建炎中配享哲宗廟咸淳中從祀孔子廟庭

子康另有傳

郭純洪洞人治平中進士官至宣德郎長于史學温公稱其有遷固才子旦亦舉進士宣和間簡州文學終亳州司法參軍因家亳

薛奎字宿藝絳州人舉進士第一乃推里人王嚴而處其下仕爲隰州推官能辨疑獄擢知興化陝西副使募民鑄錢而收其鐵租大便之多異政遷御史中丞契丹使蕭從順來朝時莊獻明肅太后垂簾聽政從順多不遜奎折以理累官樞密直學士知益州在開封囹圄一空有老媪告子不孝子訴貧不能養奎與以俸錢遂母子慈孝仁宗時參知政事上曰先帝言卿可用今用卿矣嘗使契丹正議服其君臣後契丹使來必問起

居聞已用乃曰得人矣奎性剛不苟合遇事敢言尤能知人卒贈兵部尚書諡簡肅兄蘽有隱操以子悬贈龍武軍將軍弟塈內殿崇班歐陽公稱其賢不媿於兄子直孺謹飭好學初爲殿直累拜大理寺丞從子長孺尚書駕部員外郎良孺國子博士並知名

劉太夏縣人居親喪不飲酒食肉終三年司馬光稱爲今士大夫所難能作序贈禮并叙其弟永一鄉人周文爕蘇慶文臺亭之行以傳于世

劉永一夏縣人孝廉謙謹熙寧初巫咸水溢民多溺死永一持竿立門前見他人物溺水者輒爲摘出之鄉人負債不償立焚其劵兄太爲醫助教司馬君實爲作傳

姚宗明河中人棲雲十世孫棲雲父沒廬墓終身唐時表其門棲雲後四世廬墓至宗明十世同居慶曆中復其家自後又三世同居孝睦不替

母守素河津人官至侍郎奉親惟謹居官雖盛暑暮歸必朝服執笏以申昏定之禮當時以孝稱之

薛映榮河人元超八世孫知并州治尚嚴明每冠帶待旦雖寒暑不異

師範靈石人元祐初進士督岢嵐軍政兼平定岳陽有惠澤及人軍民感慕後復督理江南先是江南民苦於賦役乃奏茶爲天地自然之利請稍增其稅而民之賦役少息既不病民亦不病國江南人圖像祀之

司馬康字公休文正公子幼端謹不妄言笑事父母至孝敏學過人博通羣書以明經上第居母憂勺飲不入口者三日扶而後起見者哀之温公居洛士之從學於公者退與康語未嘗無所得塗之人見其容止雖不識皆知其爲司馬公之子也公修通鑑康有助焉公薨執禮如母哀毁過之治喪用禮經得遺恩悉以與族人爲講官上疏陳前世治少而亂多祖宗創業之艱難積累之勤勞以勸其君及時向學守天下大器其言切至又言孟子爲書最純正陳王道尤宜觀覽既病猶力觧孟子二卷會除諫議未受條具諸所當言以待日

得一判極言而死無所恨矣及卒公卿以至市井之人無不哀之爲人廉潔口不言財初立溫公神道碑常遣使賜白金二千兩康以奠皆官給辭不受不聽遣家吏入京師辭之乃止范祖禹爲誌其墓康卒時子植幼宣仁太后聞之呂大防謂康素以邵伯溫爲可託請以伯溫爲西京教授以教植伯溫至官誨植曰溫公之孫大謙之子賢愿在天下可畏也植聞之力學不懈卒有立於世孫伋字季思出鎮廣州祭開國伯吏部侍郎所交皆天下名士洪邁華樂與之遊凡溫公之書必梓行之於資治通鑑得公凡例於殘稿中撮其要例傳於世子奉之旨大明克昌家學大有功於文正高宗南渡扈從寓杭今爲山陰之始祖云

甯智　曲沃人舉鄉貢進士精通五經教授晉絳門人皆登通顯元祐中上問樞密院副使王巖叟曰從誰學劉曰從河東甯先生其德行學問見重當時

薛向　萬泉人顏孫制置解鹽兼提舉買馬又歷知數州皆有聲元豐初同知樞密院事卒諡恭敏向幹局

絶人尤善商財計筭無遺策子紹彭有翰墨名仲嗣昌
官至刑部尚書

司馬京字亢宗温公再從子父諮爲人謹厚孝友自𭃄
無子弟之過贈尚書比部郎中京以廕補累遷
駕部員外郎通判潞州事爲
人彊直幹敏所至吏民稱之

李居仁曲沃人父早喪事母至孝日授生徒以供飲膳
母歿築土爲墳高四丈餘時名其巷曰孝母名
其族曰墳臺李
氏至今因之

蘇慶夏縣人事繼母以孝聞嘗語其姒曰汝事吾母小
不謹必逐汝繼母少寡而無子由是安其室終身

宋史在
孝義傳

許翰襄陵人欽宗時爲中丞胡安國罷翰入見上問曰
識安國否對曰自蔡京得政士大夫無不比附惟
安國超然不爲所汚遂除中書舍人高宗南渡擢翰尚
書右丞會李綱罷相力求去不許及陳東得罪乃曰吾

與東皆爭綱者東受戮而吾在廟堂可乎爲東著哀辭八篇求罷遂提舉洞霄宮著有春秋傳註

趙鼎字元鎮聞喜人學邵子于其子學程子于其門人崇寧中進士授開封士曹疏斥章惇悞國出爲洛陽令京師失守金人議立張邦昌鼎不書議狀高宗幸建康鼎言以六宮所止爲行宮車駕所至爲行在上四十事遷御史中丞叅知政事朱勝非忌之除知樞密院宣撫川陝適淮報至帝曰卿豈可遠去遂以鼎爲尚書右僕射兼樞密院事制下朝士相慶鼎請罷王安石從祀尊二程子書門人存者錄用人才當用者條列左右次第奏行時稱小元祐儀真之捷帝語張浚曰趙鼎真宰相天使佐朕中興可爲社稷幸嘗親書忠正文德四字賜之浚在江上遣呂祉奏事所言誇大鼎抑之帝謂鼎曰他日使浚與卿不和者祉也會酈瓊執呂祉以全軍降劉豫浚引咎去復召鼎入對拜尚書左僕射上曰浚罪當遠竄鼎言浚母老且有勤王功上意乃解秦檜以鼎闞和議乘間擠鼎出知紹興又徙知泉州檜諷謝祖信王次翁論鼎謫興化軍移漳州又潮州安置在潮

五年杜門謝客不談時事詹大力詆鼎賄囑潮守改置吉安軍上表謝曰白首何歸悵餘生之無幾丹心未泯誓九死以不移檜曰此老倔强猶昔在吉三年門人故吏不敢通問惟廣西帥張元宗時饋醪米檜知之令本軍月具存亡鼎自書墓石籍里除拜日月銘旌云身騎箕尾歸天上氣作山河壯本朝遂不食而卒時紹興十七年也明年得旨歸葬衢州子汾護喪守臣張傑以中外士大夫必會葬密遣縣尉翁蒙之搜私囊掩取以爲奇貨蒙之急走僕自後園墻出密告汾焚篋中書及弓刀之屬比兵搜無所得始免孝宗即位追贈豐國公謚忠簡配享高宗廟著有得全集三百餘篇

孟宗政　絳州人父林從岳飛至隨州因家焉宗政有膽畧開禧中爲西京鈐轄駐劄襄陽屢敗金人代許國爲擢鄂都統制置忠順軍威振境外金人呼孟爺爺宗政好賢樂善有功者慭必賞有罪者親必罰死之日邊城爲罷市慟哭子珙亦爲名將

司馬朴　旦孫父宏因黨事謫永州朴以外祖范純仁遺恩歷官兵部侍郎使金不屈死贈尚書謚恭潔

邵雲　龍門人從觀察使李彥仙守陝州金人攻城破雲被執婁宿欲授以千戶長雲肆詈不屈乃釘木架上凡五日礫殺之至抉眼摘肝詈不絕喉斷乃已初行刑將剸及雲叱之失刃而斃其忠勇如此

呂元登　夏縣人觀察使李彥仙之愛將金人婁宿圍陝城元登以兵來援而城已破身被重創入持彥仙泣曰圍久不知公安否今得見公死無恨創悶方臥聞殺聲遽起戰死

史緒　字仲昌曲沃人徽宗時爲左清道帥府副遷驍衛將軍世明法律爲人忠厚寡言外貌莊毅內懷明恕雖家人相對無惰容居官決讞持平不移於私卒贈左武衛大將軍

段李良　稷山人曾祖應覘司理叅軍門族蕃大號所居爲司理莊世修儒業

薛繼先　猗氏人好學有高行少舉鄉試南渡後隱居教授不接權要事母以孝聞子純孝有父風俱以

能詩有聲于時

侯仲良　河東人父道濟娶程珦女仲良呼二程爲舅氏從之游人有舘仲良者仲良見其家壁垂佛像几積佛書俱去之朱子稱其學淸自勁正

金

麻秉彝　臨晋人性純孝自幼頴悟能屬詩文皇統中進士歷官兵部侍郎有能聲

喬扆　洪洞人天德中進士官至河東南路按察使詩詞俱有名子宇八歲能鼓琴召入東宫顯宗稱其不凡後爲益都按察轉運使與田琢俱殁於兵

陳克基　其先自洛徙臨晋祖揮宋慈州司士曹有淸操貞節父灝儒林郎俱葬縣之嶷陽克基天德三年進士第一仕國子監丞

李愈 絳州人慷慨尚志節正隆中進士爲監察御史彈
劾無避累遷刑部尚書在朝多建明後封隴西郡
侯謚清獻著
有狂愚集

段鐸 稷山人少孤師事兄鈞正隆初與兄鈞同登進士
人呼爲河東二段號所居曰雙桂里鈞以文行著
未仕而卒鐸由長安簿歷兵部主事審決河北路刑獄
曹州刺史華州防禦使所至皆有異績上疏乞歸進階
中奉大夫封武
威郡開國侯

梁襄 絳州人性穎悟日記千餘言大定初進士世宗將
幸金蓮川襄上疏極諫以直聲聞擢禮部主事累
遷保大軍節度使襄於春秋
左傳地理氏族無不該貫

楊畤 見宦績

鄭畤昌 字仲康洪洞人孝友性成八歲通易讀書過目
成誦晝夜寒暑不輟大定間對策第一世宗欲

以典樞要辭不受曰顯名于當年傳道于來世吾之願也遂就汾州教授祗西河訪子夏之道衍河汾之傳埋學大明士子翕然從遊如雲文風爲之丕變編韻類節事并羣書會要行于世

郭用中　平陽人大定七年進士歷浮山簿陜州錄事所著有叙然居士集

張玹　河中人大定中登進士第仕定國節度同知子錦刻意於詩五言尤其所長時稱爲張五言所著有韋齋集

毛麾　平陽人大定十六年舉學行賜進士出身授校書郎入教官掖歷太常博士終於沁州知州事有平汞集行世

許琇　曲沃人大定進士會兵亂負母避居山東既而歸鄉服父之喪始終如禮子良見孝子傳孫天麟自童時寡言笑博學能文尹河津出奸慝去苛細凡病民者悉除之以奉訓大夫晉寧路判官致仕天麟子益優

問學善楷書尤工於詩
謚子德基任晉城知縣

陳賡字子颺别號黙軒臨晉人仲謙長子擢明經累官
問游從宦寓中一時雅合詩文數相贈遺大同路儒學
教授房祺纂録其詩自麻革張宇房皥段克巳成巳曹
之謙及賡庚兄弟八人號曰河汾諸老詩集弟庚與兄
齊名除平陽路提舉有詩載集内䕫亦有文名膺追封
潁川侯
謚莊敬

趙文昌平陽人博學好持論明昌中進士仕至遼東路
監使子覯從事史院性資謹厚不忤于物

陳規稷山人明昌中進士授監察御史嘗上書言佞孽
馮祥等罪後又條陳八事出爲徐州帥府經歷尋
召爲右司諫有爭臣風規博學能詩文爲人敦厚動有
禮節歿之日家無一資友葬之

鄭當時洪洞人明昌登進士第仕至河汾教授編節義
事行於世

申明　臨晉人膂力過人以傭直事母時盜賊夜刼殺人明一夕出母被殺明假傢田畔夢母謂曰吾已死賊手矣賊東南行可追之明亟返會衆尾賊不獲目眦俱裂遂仰天憤恚而死鄉人義之爲之立廟今丁庄村有忠孝廟祠卽明也

龎整　河中人早喪父事母孝母卒合葬塋域整卽日屏妻子自入幽隧哀慕不啻生事其子源嘗入視整偃仆救之方甦隧中穢惡變爲異香整孱困不勝夜有人送藥服之愈以爲神勅賜孝行旌表

張仁檝　平陸人明昌三年有司以仁檝四世同居事聞詔表其門

田世英　河中人博學能文長於詩舉進士調絳州教授遷虞鄉簿轉縣尹退居教授鄉里從遊者衆時稱田先生

郝衡　稷山人舉進士隱居教授以德行稱

王庭筠字子端河東縣人生未期視書識十七字七歲學詩十一歲賦全題登進士第調恩州軍事判官臨政即有聲郡民鄒四謀不軌事覺逮捕千餘人竄匿不能得朝遣大理王仲軻治其獄庭筠乃以計獲鄒四分別詿誤坐須誅者十二人而已調館陶主簿召試館職已中選御史臺抑之遂罷卜居彰德讀書黃華山寺因以自號後遷翰林修撰卒年四十七上素知其貧賜賻錢八十萬求詩文藏之秘閣御製詩賜其家著藁辯十卷文集四十卷書法學米元章尤善山水墨竹子曼卿以能詩仕至行省郎中

孫鎮絳州人博學有才舉進士爲陝州刺史弟錡寧州刺史鋐畨原令與鎮同榜進士世號三桂孫氏

劉祖謙安邑人承安五年進士拜御史以剛介稱終武勝軍節度使

劉從謙安邑人見宦績

王綱趙城人大安間廷試詞賦狀元翰林修撰

邢德真浮山人刑部侍郎子天祐正大中狀元

段恒稷山人字元貞鈞之孫素以德誼才學聞應詞賦進士舉屢中至御試輒有蹉跌金南渡之歲詔曾三赴廷試不中選年五十者賜同進士及第人多冐濫求進公獨曰吾實四十有九將求入仕欺君可乎終不

陳

段成巳稷山人鈞曾孫天性孝友四歲知力學正大七年與兄克巳同登進士時趙秉文典試誦其賦喦之大書雙飛二字名其里克巳終身不仕人稱遯菴先生早卒成巳授宜陽簿入元世祖降璽書即其家起爲平陽儒學提舉不赴天下高其雅德祭酒周文懿稱其文在班馬之間所著有二妙集菊軒集克巳子思誠

思溫成巳子

思義另有傳

張繼祖臨晉人進士大中大夫宿州保靖軍節度副使

稷山人領解元舉進士所著有雲巖文集同邑郝
宗經 銜舉進士隱居教授以德行稱
河中射糧軍子弟貌陋而膂力過人以功推府僉
強伸 事累禦大敵詔褒諭爲中軍留守元帥左都監世
襲行元帥府事建報恩堂於洛川驛東以死自效元兵
至招伸降伸曰我本一軍卒貴爲留守誓以死報國耳
力盡被執不屈死之
史稱其有烈丈夫風
王佐 襄陵人金季進士元時從父居上都教授里巷不
與時俯仰會賊至倉卒不能避爲賊所獲佐傲岸
自如罵賊
不輟見害
馮延登 吉鄉人承安二年舉進士爲詩文皆有律度與
定中累官國子祭酒正大末假翰林學士承旨
使元被留勒降不從髡䰂豐州後放還歷禮吏二部侍
郎汴京陷投井死
南仲 猗氏人有孝行以孝廉稱元兵至先士卒死之

侯小叔　河東人見名宦

李華　河津人見名宦

楊貞　吉州人父椿嘗爲獻州刺史貞擢明昌進士第仕至河東南路招撫使隰吉便宜經畧使築牛心寨以禦元圍急命其子克義克敬婿伍禮厚俱死之又命妻孟氏自經女禮厚妻墜崖死貞乃南望再拜焚廬赴河而死後尸横河水上門人張安石見收瘞焉

段大亨　芮城人于木之裔世居段村後遷南數里曰孫村早以義氣自豪修幹多力精騎射喜兵法飲酒至石不亂貞祐末爲領軍元帥佩金虎符正大七年以勞進河南諸路軍兵都元帥錫兩虎符壁竹林堡附者日衆暨哀宗走死亨引其衆七百人入秦鄉谷戰死時其弟元亨提孤軍守河中元兵誘之降不從力竭城陷就其城西南堞下策馬渡河麾下附馬尾以涉者衆俱溺死其子宜僧亦戰死無後元平定後子婣謙求其

屍與夫人史氏歸塟先塋

李獻能字欽叔河中人授應奉翰林文字後爲陜省左右司郎中正大末以鎭南節度副使充河南帥府經歷官元兵破河中奔陜州行省值兵變遇害家饒於財盡於貞祐之亂毋素豪奢獻能營奉如昔時稱孝

李獻甫字欽用先世有爲金吾上將軍者時號李金吾家與其從兄獻卿獻誠獻能爲中朝故官將種皆以文學名相繼擢進士第家有四桂堂人文之秀照映一時獻甫博學有幹局心所到處人不能及歷鎭南軍節度副使死蔡州之難所著有天倪集

李復亨河津人進士累官參知政事出爲安國軍節度使元光初城破自殺

賈邦憲霍州人舉進士質直有勇畧元兵攻河東邦獻集居民禦之兵至民巻降邦獻乃挈其子懿棄家與知州劉稱等保松平寨竟能成功兵復大至病不能避與懿俱被執欲以爲鎭酉元帥邦獻密遣懿歸松

平遂自刎後
贈奉直大夫

元

靳和曲沃人汾陽侯彊之後居鄉喜周貧導人以善金
末兵擾圖結鄉人保障後率衆歸元錫以金符授
絳陽軍政治公平勇
而好義子用另有傳

闞忠平陽人父衍仕金歿於王事忠避兵山東家於高
唐其子復善屬文仕元累官翰林學士承旨

王恩河中人狀貌魁偉知識明達勇力過人金末避亂
鄜州元兵南下率衆投元遂命總歸附之衆凡遇
攻戰屢有奇
功授都元帥

田忠良趙城人見方伎十月上吉有事太廟或謂牲不
用牛忠良奏曰梁武帝以麵爲犧牲如何耶從
之子澤翰林學
士兼修國史

姚天福　絳州人幼讀春秋通大義至元中拜監察御史彈擊不避權貴世祖嘉其直時詔罷各道按察司天福言不可權臣不悅左遷衡州路同知後拜參知政事大興尹畿甸大治尹京兆者必以天福爲首稱

謝天吉　字鍾祥臨晋人元初起朔方鎮防爲帥知政蒲郡嘗因朝覲賜坐繼賜金甲彤弓良馬貂裘恩榮無比金末人皆逃難河南天吉以王事持節至流民相謂曰謝帥素寬仁能容相率來附者數千人初上官徵發銀以萬計輒罄家之器用首飾以應不取於民踰年又徵黄金百餘笏天吉投河佯死得寢其事府僚聞其僞死就謁隱所請復領職百姓懽喜載道今子孫居嶷山前稱巨族

許國禎　曲沃人博通經史尤精醫術金末避地嵩州後寓太原元世祖潛邸徵至治疾刻期而愈至元中爲禮部尚書嘗上疏言事多見施行所薦引皆知名士卒追封薊國公謚忠憲子扆字君黼一名忽魯火孫從其父事世祖于潛邸進退莊重世祖喜之賜今名令從許衡學入備宿衛忠愼小心俄除禮部尚書提點太

醫院事又與丞相安童善國政多所賛益成宗即位遷
中書右丞行太常卿力辭乃命以中書右丞署太常事
俄改陜西行中書省右
丞追封趙國公謚僖簡

王士元 臨汾人元初張起巖榜進士知吉州秉心公正
斷决明允六事具舉旣去民爲立碑累官風憲
遷國子司業以崇文少監致仕平生文章政事皆可師
法所著有拙菴集

關世俊 晉寧人至元間爲陽城尹從公秉直至誠愛民
勸課農桑講明政教當時學者聞風嚮義邑人
爲立德
政碑

孔錦山 絳州人雄勇多謀畧善騎射元初襲父千夫長
從征屢著奇功戰于茶山時墜馬騰上者三眘
安撫嘆曰真奇士也見世祖賜錦衣弓矢鞍勒諭以回
距之事對曰人惟爲善則美名斯臻累陞硼門等處鎮
守萬户舊
志錦訛綿

楊琛　翼城人初名俊與從兄宜蕩平諸賊呰以功行翼州元帥事金人執虎符白麻招之俊戮使者以聞特降金符爲征行元帥取河中與元與塔海下蜀淮全活數萬口從車駕攻河南破蔡州宣授千夫長佩金符賜名琛

楊宜　見宦積

張著　襄陵人至元初舉詞賦既而嘆曰士當以遠大自期雕蟲篆刻壯夫不爲也遂習沉潛伊洛之學調路城簿未幾以親老西歸累辟不就至元中薦授平陽路教授以成就後進爲已任晉人以文名者多出門下著有蒙溪集詩學淵源行世子思敬歷知無爲茶陵二州提舉河南江北儒學有寓堂文集

陳元凱　克基孫膺之子性英毅有操行事父母以孝聞至元間太保劉文貞薦舉扈從累仕顯職積階諫議浙東海右道肅政廉訪使追封潁川郡侯謚靖宣子欽立舉明經官開成路治中

屈繼平　翼城人七歲而孤性敏強記至元間鄉舉得程朱爲已爲人之實以爲學者倡門人號曰北城先生

賀勝　奉元忠貞王仁傑子也世居永和幼從許文正公學通經傳大義以蔭補備宿衛入侍帷幄出驂乘輿累拜開府儀同三司上柱國以非罪死謚惠愍子惟一拜正儀大夫仕至中書左丞時稱賢相

靳用　字祐之和子六歲從性理之學壯仕爲曲沃翼城令有能聲攺滎河尹奉法循理勸農興學後拜監察御史陝西漢中道按察司僉事擢嶺北湖南道肅政廉訪使公忠廉愛剛直謹簡臨民以德執法不阿所在立祠勒碑終朝列大夫晉寧路總管子德攺鄧州判官德信將仕郎德謙禁直宿衛德淵後贈兵部尚書封西河郡侯德昌好學善屬文德淵子滎監察御史奎章閣侍制學士剛直有祖風弟昺有孝行

何約　字仲博河中人初授吏部主事歷監察御史戶兵二部尚書行省參知政事江西湖北河東憲使召

年內臺侍御史為上知遇致仕卒子孫貴顯為蒲大族
歐陽泫為其父作神道碑
傅起巖 汾西人初為丞相椽歷西臺中丞多著勲績卒
追封河東郡公謚正獻
王泰亨 平陽人成宗時給事東宮累遷至中書平章致
仕封晉國公卒謚清憲所著有康莊文集
續執中 臨汾人大德初懷孟路教授徵為國子助教著
有畸菴文集
段思成 字仲明號芹溪稷山人遯菴子詩文徤雅偉名
藉藉大德間國史院承旨閻文公訪河東文獻
故家因與從弟思義並薦於朝授河東教授不就弟思
温字叔恭少孤從仲父菊軒學遂成名儒貫通經史尤
邃易春秋詩文純正皇子安西王辟記室參軍不赴恭
靜寡欲授業鄉里多所造就積書萬卷以遺子孫卒之
日遠近赴吊為之罷市思温子輔字維德號豁齋辟中
臺掾以文行遷應奉翰林文字歷奎章學士陝西諸道
行臺侍御史思義字季方號西溪菊軒子薦授平陽路
儒學教授不就徃來韓城愛其風土因徙居焉以經史

授徒不倦

張遵信　字誠之翼城人幼習舉業大德間鄉薦與兄友愛甚至晚從臨川先生吳徵學聖賢之學得體認之實至大間任本縣學諭擢晉府經歷

徐毅　趙城人父德舉提舉太原鹽鐵使毅自幼從許文正公學至大間累官監察御史力陳臺省爲治之要遷至刑部尚書參議御史中丞能彌綸庶政及卒追封平陽郡公謚文清

李思敬　絳州人爲內臺監察御史仕至山北遼東道肅政廉訪使以廉孝著名子撰有文學授榆社縣尹性質嚴明衷懷愷悌旱禱輒應敷政仁惠士民協和累遷肅政廉訪副使孫士林以秀才舉授長興知縣

察罕　解州人襲父爵河東郡公號白雲老人至大初爲弘文館大學士累官中書省平章事蔭二子長外家奴爲中書理問次忽都禿孝感宰子孫以白爲姓從別號也州西曲范村有裔孫乃李氏或曰守墳戶也

尉遲德誠 絳州人父鼐金潞州知州德誠累官太子家令司丞侍仁宗左右數薦士出未嘗語人選爲河東山西道宣慰司同知擊奸吏寬稅斂延祐中拜遼東廉訪使

賈敏夫 襄陵人延祐中拜監察御史嘗遺書若干卷於邑之學宮以惠後進

李謙亨 曲沃人英宗時以儒進歷內臺御史時創西山寺謙亨與御史四人上疏切諫决杖文面安置奴兒干由是海內知名後召還授浙東海右道廉訪使封隴西郡侯謚忠肅

裴居敬 字太簡河中人累官雲南行省參知政事積學勵行家蓄書二萬餘卷卒贈陜西行省參知政事封河東郡公謚憲懿

房祺 臨汾人爲河中大同兩路教授終潞州判官著有橫汾集子希文泰定甲子解元著有淵雲集孫輯

牛光祖 襄陵人以才辟丼肅行省掾尋陞中書省掾中都留守都事有幹局以廉慎稱天曆改元爲河

東陜西都轉運鹽使陞中奉大夫雲南諸路行中書省參知政事佩三珠虎符逼管軍馬次年致仕爻滋知吉州累贈戶部尚書隴西郡公弟敬祖任大同縣尹

張克寬　蒲州人以儒進拜南臺御史歷晉寧路總管所至有異政家中條山下號蒼陵翁同族張鏞至正間爲首陽書院山長以文學著聲

王義甫　平陽人爲平遥縣尹守已無私安民以惠

喬受之　霍州人授汾西縣尹陞朝列大夫和寧路推官惠政旁洽百姓歌咏之

薛廷年　臨汾人爲西安王文學士著四書引証小學纂圖有竹軒文集

單鵠　臨汾人仕至四川行省郎中著有河汾集

楊守則　翼城人初授翰林院檢閲官遷内臺御史陞戶部侍郎再遷大都河間路總管

郝溫　冀城人由太學上舍累官四川行中書省郎中遷夔州路總管

劉尚質　曲沃人博學能文爲國子助教陞監察御史潞州知州致仕日與靳學士相游邑人以二秀名之

張鳴鶴　稷山人方正篤學登進士第授晋寧路縣尹蒞政嚴明吏畏民懷終工部司丞

姚庸　稷山人機性通悟累中書省試科進士授懷州學正遷晋寧路教授

郭思貞　河中人以儒業進拜監察御史累遷南臺治書西臺中丞奎章閣大學士謚文獻

張翥　字仲舉襄陵人少有勇力負才不羈父以爲憂翥翻然改業閉戶讀書遂以詩文名世從遊者甚衆至元末中書薦隱逸召爲國子助教尋退居淮東會修遼金宋三史起爲國史院編修史成遷翰林侍講學士仍以侍讀兼祭酒翥勤于誘掖後進絶去崖岸學者樂親炙之以學士承旨致仕進階榮祿大夫孛羅帖木兒

入京師命翥草詔削奪擴廓帖木兒官爵且發兵討之翥不從左右勸之翥曰吾臂可斷筆不能操也乃命他學士爲之及孛羅帖木兒誅詔以翥爲河南行省平章政事致仕有律詩樂府三卷忠義錄傳世

張瞻甫河東人至正辛巳仕潞州守興衰補弊政多可稱

王遷道垣曲人至正間由鄉舉任高平教諭後登進士第授翰林編修有文名

李榮祖霍州人幼有大志雖貧不屈己于人至正間知絳州勤政愛民長於剖決終陝西轉運司同知

孫智有祖風仕晉寧總管

辛邦彥見宦績

劉仲殷曲沃人進士第任稷山縣尹守已廉勤爲政平易後遷翰林院編修擢御史邑民思之不忘

王得貞霍州人進士至大間大夫懷慶路總管能詩善草書至正間爲掃地王賊兵所執不屈而死贈

河東宣慰司使

賀方霍州人幼聰慧日誦數千言人呼小學士事父宦遊江南由國子生仕至翰林應奉侍制陞學士終江南路治書侍御史城陷死之

韓亨甫絳州人由中書省掾授監察御史後調東平路總管至正間毛貴作亂守城死節贈陝西行中書叅議

邢飛翰霍州人性剛果薦爲内臺御史伯顔專政飛翰面折其非叅議佛家驢奸邪復廷劾之後以兩淮鹽運司同致仕元末賊亂不屈而死追封工部尚書謚忠義

胡純平陽人翰林應奉洪武初以耆儒碩學徵至京師授以官不就謫居廣西桂林府閉户却掃潛心性理之學都督韓觀嘗造其宅終不報謝再至謂曰先生於觀似無情者純曰將軍知我我固如此所謂士伸於

知已者觀
歎息而去

張鏞　河中人至正間爲首陽書院山長以文學著聲

梁禰　萬泉人平宋有功授奧魯官副統軍旅母卒與弟祥負土壘墳事聞旌表　以下俱通志載孝義

吳著　襄陵人至元初平陽路長官歷陞延安路轉運使母喪廬於墓所負土崇封瘠甚不息以孝廉著稱

杜昭　萬泉人襁褓中亡母繼母吳氏撫之甚厚及長事吳孝養備至吳卒廬墓三年朝夕哭奠人咸稱其孝

郭狗狗　翼城人父寧爲元先鋒使分戍良平鎮宋將史太尉攻陷良平寧被執狗狗年五歲躍前告史曰勿殺我父當殺我史驚問寧曰是兒幾歲曰五歲曰五歲兒能是耶吾當全汝家以兵護之還御史以事聞
詔旌
之

崔斂　襄陵人生四十日其父爲綿竹縣尹父子不知者逾三十年遭元兵亂母氏及兄亦各散亡斂乃歷秦入蜀徧求其父音耗弗得回至鳳翔得其祖之遺骸負歸葬於先塋鄉人張昌爲著孝子傳

李忠　趙城人與弟恕皆幼孤天性至孝事嫡母宋氏克供子職大德七年地大震郇堡山移所過居民廬舍皆摧壓傾圮將近忠家分爲兩行五十餘步復合忠家獨完人皆以爲孝感元李崇德爲作孝感碑

胡光遠　太平人母喪廬於墓側一夕夢母欲食魚晨起號天求魚忽有生魚五尾列墓前俱有齧痕人驚異之方出取觀一獺忽出衆始知爲獺所獻有司以狀聞詔旌表其門

靳昺　字克昌曲沃人德淵子學士榮弟六歲知學諸䟽義皆能默誦而不喜爲文章然落筆作者不能及同其兄奉母王氏以官于朝母卒昺與兄護喪還家至平定之平潭大雷雨昺扶柩上呼天長號榮呼之避水曰吾避柰母喪何須臾暴水至遂漂没而死水退得柩于三里外事聞詔賜孝子靳昺碑學士揭傒斯奉勅撰

文

姚子智絳州人居喪廬墓見元史孝友傳

王庭祥猗氏人七歲遭姊殤哭甚哀旣瘞悲曰姊入土不可復見他日父母歿亦如是乎于是事之益孝凡得鮮必先奉二親飲食必親供拜饋每食八拜日二十四拜因事有缺歸記補之如是者一十七年父背嘗病癱久而不瘥庭祥以口吮膿癱瘥母雙目失明庭祥以舌舐復明事聞旌表其門

閻順霍州人家貧就業臨汾幼患足病拘攣不能伸屈兩手托泥鏝以尻着地而行值寒食節備祭物赴州拜掃每歲如之忽一日回至洪洞縣拱辰橋遇一人問曰子何往曰之臨汾其人曰何不行曰足疾不能行其人用針刺其患處即起行若無疾者人皆以爲孝感所致咸稱閻孝子

樊珪臨晋人有孝行至大間任大都提舉母思之哭泣喪明珪歸用舌舐母月七日復明有司以聞詔旌

爲孝感
之門

鄭琬　霍州人庠生聘張氏女既而女患篤疾張自求退
親琬不肯曰古人有娶雙瞽者吾雖不及古人豈
有背義而别娶耶竟
娶之遇待更從厚焉

黄景春　霍州人幼貧爲人管店有客攜妻子假宿者次
日早行遺匣景春開視金首飾也追十許里付
之客分半謝
之景春不受

馮愈　吉州人父敬夫病篤愈籲天割股調藥父病遂愈
事聞于朝至正間旌表其門

劉信　字仲寛河津人穎悟非常少孤事母至孝或勸之
仕曰余少喪吾父今以身事君何以事母處鄉無
大小悉持以敬人有争訟難决者詣門請平母没隱居
龍門讀書終身後旌表其門

段承祚　稷山人幼業大學謙和好禮動止有則任國子
學正尋以母老歸養屢徵不起教授于鄉有鄉

婦來取火失金環返索之不辯而償妻有難色承祚曰
恐逼人性命耳後婦得遺環漿甕中人服其德量

賀貢　隰州人父種德徙居京兆貢有謀畧善攻戰畧關
中兵後集屍蒲野責爲大冢收瘞之得白金七千
餘兩乃持五千兩獻世祖以助軍後以貢總管京兆諸
軍奥魯卒追封雍國公謚貞獻子仁傑孫惟一相繼爲
上都
留守

孫抑　洪洞人舉進士仕至刑部郎中有孝行關保之變
挈家避兵平陽之北村遇賊欲刃其母抑以身翼
請代得免父爲所擄抑奮身往尋之屢瀕危殆竟奉父
歸里稱純孝

房輯　臨汾人元鄉貢士祖祺父希文俱擅學行名輯有
孝行至正間盜陷平陽繼母爲賊所執將殺之輯
以身護
遂遇害

喬㚇　晉寧人至正間賊陷晉寧城中死者十二三㚇整
衣冠聚妻子家有大井㚇坐井上令妻子輩盡投

井中已隨赴之賊平贈

㙒臨汾縣尹謚純槩

靳頡任征西大將軍陣亡獲屍而失其首以銀爲首塟

之以下舊志載孝義

唐義橋絳州人三十喪父母五十猶衰麻常成橋于稷

山縣南汾水上

臨汾縣

按各縣志内有專以割股還金輸穀救飢見者錄其姓氏於末若兼他事仍存本傳

明張昌　字思廣元進士不就顯職乞爲晉山書院長洪武初聘至禮部講究禮儀上深嘉之除國子助教授皇太子經尋致仕甲子丁卯庚午三科主考本布政司鄉試修平陽府郡志所著有存齋稿

賴安　洪武間知漳縣勸民以禮決訟以法平賦重農創建縣學

張進　洪武十二年以賢人君子辟薦授河南按察司僉事理磁州武安涉縣政授臨洮府狄道縣縣丞

馬貟圖　建文己卯京闈聯捷授戶部主事勤能著稱陞永平知府以績最陞河南布政

李寅　授陝西安塞知縣有愛民善政累官陝西布政司右叅議

周麟　字季祥幼嗜學博通五經中永樂乙酉解元入監送秘閣纂修永樂大典授清豐教諭造士有方陞肅府教授輔成王德與方伯執中講論理學有河汾益友之稱一時縉紳出其門者甚衆有詩文遺稿

陳紀　正統戊午舉人歷官許州知州教民爲善諭以治生之道察民間夜有讀書及紡績聲給油助之隸卒皆課以生業民有無賴者給牛絹令其改過由是俗無游惰稱循吏焉

秦志　成化辛卯舉人弘治中知乾州諳練治體餉邊有功陞御史

趙信　成化間監生會寧知縣果斷有爲才氣豪放施爲未竟飄然而去

安惟學　字行之成化甲辰進士除行人歷工部郎中平凉知府政善民安器度宏遠陞四川叅政掌平凉府事遷本省布政勤厲敏給日無滞事人不能爲奸陞副都御史廵撫寧夏時安化王寘鐇謀逆欲先殺鎮撫等官而後發兵何錦率其黨進公署惟學方與都指揮楊忠議事錦殺惟學于座上

張潤　字汝霖弘治戊午解元壬戌進士授宜陽知縣擢給事中論列侃侃有直聲奉勅查甘肅錢糧一介不取陞順天府丞擢都御史擒賊有功歷官工户吏三部尚書致仕贈太子太保謚恭肅所著有試筆稿

張克温弘治乙丑進士授戶部員外通州賞軍羨銀數萬悉進上不取温通五經博覽羣籍制行以古人自期師事之者甚衆

劉穆正德丁丑進士選翰林庶吉士志行端謹能詩文奉命河南祭河不受餽遺歷官太常寺少卿

劉宗哲正德癸酉舉人良鄉知縣歷河間府通判所至有惠政

范汝敬嘉靖辛卯舉人授平凉府通判以仁愛著聞

亢思謙字子益號水陽嘉靖甲午解元丁未進士選翰林院庶吉士授編修擢河南提學副使所簡拔士後多知名分守洛陽時伊庶人驕恣貪緑得請八萬金治府第下逼郡屢亂加税有司將賦於民謙止之曰歲屢凶民困極矣奈何加賦白御史奏罷之民大悦河南旱蝗謙哺賑全活甚衆擢陜西按察使歷山東四川布政俱有政績致政歸所居建二祠左祠其師曰酬知右祠所生曰致享病革呼兒輩啓手上指天下指心曰

吾生平於此三者不敢負汝識之所著有玉堂集中州岩耕集愼修堂集祀鄉賢

安貴　乾州學正文清行粹教人有方

陳嘉言　嘉靖庚子舉人鎮原知縣有惠政生平不爲一詭語恂恂樂善以清白遺子孫撫孤侄曲盡恩誼弟嘉禮亦由舉人爲安定知縣

王嘉禮　嘉靖壬子舉人爲人方正因寇亂承父瑞志督修東關城功勤二載寒暑不避且置兵器儲於公署保障在焉後授東范縣知縣卒于官

朱表杪　字竹溪陽曲榮靖王曾孫好讀秦漢以上書工詩賦善草書少子知鰲能世其家學

呂陽　嘉靖庚戌進士性豪宕不覊議論風生不以仕進爲意官中書科中書解組歸窮年學古博極羣書尤長詩賦所著有經世心鑑晉詩選雅等集

郭維藩平陽衛指揮嘉靖中白草溝防守與賊戰身先士卒被執不屈駡賊而死贈都指揮使

朱奇湖晉定王之曾孫也父西河順簡王甍王未周歲稍長問父所在不得即知痛哭刻梅檀爲順簡像祀之母葉夫人嘗病渴王稽顙禱天俄有甘泉自地湧出夫人飲泉病已母卒哀毀骨立宮墀古栢忽生奇花異香襲人甍謚恭定子表柤嗣爵亦以孝聞

徐節嘉靖癸丑進士知泰安州以廉名河决治塞有方民得全活者甚衆歷官陝西右布政

康天爵嘉靖癸未進士居官清愼嘗監山東銀鑛一無所取及行有武官遠送客饋以金爵責卻之人稱廉直

秦新民嘉靖壬午舉人爲真定府推官早年致政居鄉一貧如洗非公不入有滅明之風

亢孟檜字似何萬曆丁酉舉人洋縣知縣和平樂易尤善造士時瑞藩之國供應繁難孟檜極力申請

省費頗多又開堰渠累官河南府知府招復流民勦撫
土寇崇禎壬午闖寇陷城衆官奪門逃走孟檜獨死之
贈太
僕卿

周廷祚萬曆戊午舉人江南廬江縣知縣瘞枯骨招流
亡德政最著

張教素行純正由歲貢陞陝西永壽知縣縣城先經寇
破百姓盡逃教下車築城招撫逃民著有政聲

邵錦布衣家貧好學閉戶讀書十年貫涉經史取予不
苟一日買米歸家量多一斗即返之覿者憐其貧
有贈遺者一不受時
人有原憲之稱云

喬君章萬曆間任蒲城主簿臧守清慎聽訟明允會華
州先守備禦有方寇臨城下民恃以安移攝渭
南設法運漕官民兩便渭新簿至民遮留二日不得出
比至渭渭人要之割其鐙誤傷挽者之手指血淋漓既
渡渭蒲人譟而歸傷指者不可療家環哭其人曰使公
還吾即死不恨其感悅民心如此

王景祚　端方醇謹學行爲里黨推重萬曆戊午歲薦第一任肅寧令解綬歸闔門教子所著有庭訓五卷了心訣醒世語錄

李廸康　恩貢授河曲縣教諭上官薦其文行足範品重珪璋陞宜君知縣

張内含　恩貢嗜學好古所著有臺工味覺桴叠玉詩集苜蓿盤味

張維明　恩貢奉親能孝敬後學經其指授者皆爲知名士

周照　例貢授沾化縣丞不就因修城捐貲加階彭城衛經歷居鄉尚義周急尤長詩文著有龍田存筆

李粲登　恩貢歷高安縣知縣守城禦賊寢食俱忘按使薦其完漕運餉苦心可嘉陞江西袁州府同知

田自立　恩貢授代州訓導博雅方正陞懷仁教諭

劉永昌　歲貢任徐溝教諭陞陝西延長知縣闖亂逼授僞職逃歸義方訓子併登賢書

桑拱陽字暉升崇禎癸酉舉人世居桑灣村幼謹嚴如
成人七歲通小學十五歲見近思錄遂以聖賢
爲分内事不入城市從父授功過格粘于座實記善惡
元日則焚于祖祠前萬曆己未督學傅淑訓奇其文益
究心性命之學四方學士爭執弟子禮乃作進道圖淸
心錄朝天賦種石說又繪太極圖于窗大揭敬字于室
與學者共勉焉天啓甲子御史李日宣疏薦不報己丑
御史王嗣美禮聘與辛全講學于郡崇禎戊辰恩貢己
巳學使楊作楫又聘與辛全講學于郡御史祝徽疏薦
不報庚午丁父憂獨居三年有孤燕來巢之異癸酉鄉
試中式悉出坊金修學宮學使袁繼咸又聘與辛全講
學于郡巡撫都御史吳甡禮聘講學于晉陽兼訪時政
屬纂家禮維風并所著詩解疏薦詔下徵取以母老力
辭著松風草集門人講忠孝經小學諸書于龍吟書院
又編說詩錄勸俗歌著四書則勸學閒心時習賢孝諸
篇又刻漢春秋統義巡撫蔡懋德延訪時政請講學三
立書院臨汾令劉達延主于城社甲申李自成度河聞
其名力招致不應遂不食于六月十二日設帝位正衣

冠拜畢乃卒年四十
六歲世稱松風先生

孫養志 歲貢值亂助硝磺輸米豆焚李騰蛟累積之券
却徐尚道酬德之金舉祀鄉賢

賈應吉 郡學生明末闖寇至逼授僞官稱疾不出

張鵬翼 明季諸生杜門謝客不樂仕進惟以讀書明理
教其子孫足跡不入市井者二十餘年子竣以
明經秉鐸恒陰孫象蒲由省元成進士官翰林人以爲
隱德之報

續鳳 宣德間爲庠生母喪廬墓三年有白燕集墳枯木
復生之異旌爲孝子後爲雲南布政司照磨其孫
泰通母喪亦廬墓
三年 以下孝義

張彦直 正統六年出粟千石賑饑

朱奇渾 陽曲府輔國將軍性至孝事母丁氏甚謹弘治
間知府張文佐上其事朝廷賜書褒美有天谷

子集子表樵表樣居父喪哀毁骨立兩世俱以孝稱

張壐　父溢母吉氏俱患風疾壐齋戒散財救貧求愈父母之疾弘治年詔表其門

亢良玉　庠生事父母盡孝母卒廬墓朝夕哀號致朱草叢生東葉如蓮之異正德年旌表其門

李大經　早年經商後以母老遂跬步不出父母卒俱廬墓三年正德間旌表

李承芳　府庠生父大經感疾夜禱欲以身代父即愈後父沒廬于墓側建坊旌表

樊鎧　晉西河王府典膳正德九年行次開州時流賊攻長垣鎧挺身乘馬出斬三賊

丁放　嘉靖間率焦堡等九村民開樊家河修堰導水灌田六十頃

朱新娃　陽曲府輔國中尉性至仁孝母年高每冬煮茶粥濟饑渴賑荒多施以乞母壽

張滋　字長公尚書張潤之弟以孝友知名族黨貧者多卹之不能塟者棺以助焉董高河石橋之役先輸

百金以導好義者當事委修平水官河疏泉濬渠溉田二萬有奇利及三十六村知府王溱有張長公行水記狀元吕柟有修平水官河記勒碑龍子祠前

王瑞築城垣修橋梁重義輕財觧忿息争次子嘉禮中鄉試

周凝祚郡庠生明季流寇擾境守城竭力保全桑梓

張正心迸闖掳掠胞兄索餉五千金輸不及半心傾家産完之以脱兄難

孔江縣庠生授陝西安定訓導江弟涇府庠生皆有孝行父母故江涇廬墓側兩次遇盗孝心益堅

宋永賴儒官孝友尚義胞兄弟四人篤愛倍至洎父母終一切棺槨衣衾獨以身當之父貽債千金自任償還不責兄弟族黨咸美之

衛邦棟借亢孟樞銀三百兩孟樞故樞子不知也棟携本利還之

王汝鍾純篤好義有曹廷琰者負債二百兩因貧釋之廷琰母老仍助銀十兩以備喪具

國朝周遠祚舉人繁峙縣教諭姜寇陷城逼令受職不從死之

席教事進士授司李歷官四川督學知人得士善詩文所著有閬中吟棲雲草

胡希聖赤貧苦學傭菜以贍其母由進士授司李歷官袁州知府政績丕著及致仕家居二十年不出門閾子祺篤孝有父風

王永命舉人遷安縣知縣居官清廉捐俸修城竭力邊務著邊工要畧性至孝輯有山右孝子集有懷堂筆松韻堂筆

王家瑞舉人授江南睢寧縣知縣多惠政百姓愛戴所著有風俗論

劉振聲舉人授河南洧川縣知縣多善政所著有一人史玉菴詩集

李本泓善書有文名由進士授撰文中書需次遷主政未任而卒士林惜之

蔣吉人字獻赤以例貢爲内黄丞時蝗旱交作羣盜蜂起環甲登埤爲士卒先前後數十戰莫不斬獲後瘟疫流行尸横徧野乃捐木瘞亡又施藥給粥活人數萬後改判易郡政聲尤著

劉俊聲家貧嗜學援引後進由舉人知清水縣政尚寬仁教養不輟卒于官無子士民至今思之

秦來陞舉人授山東德平知縣居官威惠兼修吏畏民懷

徐昌時字仲宣由廪生中乙酉副榜方闖逆入寇昌時父衍祚被賊比餉昌時挺身代父嚴刑火拷父得免逆賊重其才名强授僞職昌時厲言拒之甘受拘羈終不就

徐弘先舉人官内閣中書歷刑部郎中特修律例書每秋審多所平反以常將不忍留天地能到無寃長子孫一聯銘於座右遷鎮遠知府未任而卒所著有揣摩言眉居草

張㬢字晋石歲貢鵬翼子家貧力學尤篤孝父病籲天禱天立霽人以爲純孝之感獨營兩喪不問弟姪且以自置田產與之均而負債巳償垂老之年祭木主猶泣有終身之慕居鄉和而介遠近質成有敗檢者恒畏其知以明經司鐸恒陰訓士有方文風丕變齋署不能畜馬製一帛衣二十年不敝卒于官囊篋蕭然惟積書萬卷而巳

張奇鯤拔貢家貧好古通經史厲學行著半巖集

張聯芳字秀起恩貢授江南溧水縣丞歷善化深澤二縣知縣布政六載萬民感惠

王洽副榜貢任盂縣教諭歷刑部員外郎家學淵源文行素著居鄉端莊言笑不苟教子成名

楊希震字晋園例監歷任興安寧羌沅州知州所至有聲

周光祚丙子副榜才學兼優胆智過人國朝定鼎公舉委署聞喜縣令

張國鑑年十二父母繼亡廬墓三載筮仕乾州廵檢槃冠著績捐俸救民　以下孝義

賈得全　父喪絶食母亡嘔血終身慕親明季年荒施粥歲瘟捨棺陰功纍纍

賈從淮　字南明國學生得全仲子性至孝幼遇母疾割臂籲天祈以身代及壯遇父病禱神求醫刲骨和藥以進遂痊及父殁繼母梁氏病又刲肱以進里中稱賈孝子常設義學刊聖賢像贊造焚字樓建庠老師坊立義塚施藥茶周急焚券子孫蕃衍人以爲孝友樂善之報弟從哲武進士副將從誼英敏好學

孫繩武　貢生有孝行

韓旭　孝廉韓魁之弟康熙初年督修城工著有成績

張汝水　每歲施衣施食施棺數十年不怠設崔村義渡又捐粟八百石修府城西門外險路二十餘里

王之屏　性寛弘志遠大慷慨好施不較量錙銖遇事果决無囁嚅態值鬬變爲親戚代餉家道中落乃客淮陽籌畫鹽務排難解紛數言立决子衮表有父風

党九成客秦時饑莩盈道竭囊收白骨瘞之　劉光祥捐貲建橋輸粟賑饑

張崇祚煮粥救荒施棺瘞骨閭里患難罔不周之　張崇禔修橋梁建義學

張維淳孝親竭力傳極色養昆弟貧乏者罄囊周䘏　張一貫少喪父事母以孝聞

亢以與少喪父與弟以份友愛施藥餌瘞枯骨扶難濟危

郭治民少年喪母事繼母孝鄉隣不能塟者施棺槨捐義塚崇禎間饑莩載道捐穀以養貧士

張志深還全　曹義　張彥直以上輸穀賑饑

襄陵縣

明鄭昌監生歷官吏部左侍郎所至輙有聲罷任優渥官至少宰致政歸

嚴正國子生洪武間知靜寧州涖事勤慎民咸德之

祝信性醇謹事親備極孝養以貢授金華判有清節遷太僕少卿

盧盛舉人宛平縣教諭歷陞工部員外轉趙府長史致仕歸以清白聞

楊恩永樂年以武勇授錦衣衛百戶子剛武力過于父天順元年得功亦授錦衣百戶

邢讓字遜之外樸內明敏於文藝善書有李北海體由進士選庶吉士除檢討陞修撰成化二年起拜祭酒尋陞吏部侍郎先南京典試時購書百部遺邑庠以惠後學

柴良字忠信舉人除四川廣安知州在任廉潔捕殺強寇其子結無賴謀為害一夜左右忽報寇至請避

之良曰郡章將誰屬邢懷印坐中堂竟遇害郡人哀慕
爲立祠祀焉

梁海 有勇力正統年征討得功授錦衣衛千戶

王瓛 舉人任曹縣知縣居官嚴恕化惡爲良士民頌之

邢霖 字時望讓之子進士官兵部武庫司正郎有廉幹
聲以此多忤權貴陞長蘆運使因逆瑾用事遂解
印綬歸深明醫
藥活人甚衆

范晟 舉人靈寶知縣學博才曠善屬詩文

趙洪 歲貢任肅府紀善身教多士導輔藩王

黃景澤 字汝德舉人任灤州知州改涇州意氣激昂度
量宏偉且善訓廸喬寧州高忠節受經其門

王應吉 字伯修進士初任山東安丘知縣擢禮部主客
司主事河南道御史按部江北再按畿南忤江

陵沮馮璫廵方
兩地風裁表著
喬梗字子質性至孝弱冠舉於鄉任臨洮通判廉正有
聲奉委查盤及兊茶馬閲諸邊悉措置得宜府稱
八府一判陞寧州知州寧屬糧浮於地民疲不克支乃
履畝清丈力𨤲其困積勞成病告歸
李遇春貢士任平凉訓導陞涿州學正心純行卓學優
教勤
郭鼎嘉靖間貢任澄城訓導守正不阿日以經義德行
訓士卒于官諸生引紼泣送歷久不忘其德
吳暭歲貢任行唐主簿居官清慎德重鄉評
喬祺歲貢任覇州州同斷獄必求平允後以母老告歸
囊槖蕭然
郭巍歲貢曲阜訓導持許漸歲貢曲阜訓導課訓嚴明
已端莊居官清苦甘貧樂道
崔文憲歲貢操行廉介閭黨推爲師範

盧學詩　恩貢任東昌通判管理河務疏導有功陞上恩州知州著有五經要旨利濟方畧等集

賈河　恩貢任臨洮推官陞濮州知州操守廉介州有懸案執法直之遂解綬歸

劉官　歲貢樂平縣諭課士有方學者宗之

趙夢弼　歲貢歷任蓋州衛教授學識博通行誼純篤

李弘道　遇春之孫葆之子字汝大初任南陽知縣補羅山擢給事中因直言忤時出爲潁川僉憲時年甫逾壯掛官還里居六載起關西廵道復推關南叅議乞休歸後陜西御史林特疏薦上賚白金起潁川兵備因治水與河使左攺關南道歷九月復告歸篤學窮理得濂洛正宗所著有遵道議衛道議易補傳春秋會傳周禮解等書

沈光祚　字任菴進士歷官順天府尹公正廉潔緯有政績其時閹宦專權不阿意逢迎卒于官止遺文卷在篋都門高之

李瓘字仲魯進士初任真定縣知縣撫循九載視民如子歷陞僉都御史巡撫順天保釐長策晉兵部侍郎時魏璫求䕃公堅持不給三疏告歸削奪官誥恬不介意璫伏誅特詔數起不出以靈石爲平陽關鎻向隸汾州具疏復隸平陽後贈尚書諭祭葬有恩䕃所著有三垣奏疏

高邦佐字豪白萬曆乙未進士任壽光知縣廉明有聲陞戶部主事九江鈔關督餉通州一塵不染陞永平知府儕蓤如神遷神永薊州叅議威德服人起遼東調兵食設城守廣寧潰各官前後遁去惟邦佐留松山沭浴衣冠向西再拜而縊其僕高永亦從死事聞贈大理寺卿謚忠節子巘暭皆名進士

梁一龍舉人字霖赤河南懷慶府教授彰德府知府惠政有聲殁於官鄴民思之祀名宦

翟師雍進士與胞弟師偃師有稱河東三鳳初授行人歷陞山東按察使督理七省漕務有餙漕末議

翟師偃舉人初署教諭歷官刑部員外以直忤魏璫削奪著有氷玉稾

翟師有舉人初署江南通州學正任山東范縣知縣賦性鯁直時稱彊項令

郭守邦萬曆壬子鄉試第二署新安滑縣二縣諭陞浙川知縣督師楊閣部題陞監紀通判兼荆南道事單騎入賊營解散流賊十餘萬上賜銀牌錦緞後遭兇變不屈順治二年舉逸賢辭病歸著書以老

高士望字文褒進士初任評事歷嘉興知府秉懷洞達儀度端凝涖政務持大體

田時春字枝麓進士授戶部主事管天津衛陞本部郎中管京糧廳二次奉差恪盡其職

王秉中舉人署長子縣諭任山東沂水知縣値登萊兵變儲餉備器民頼以安後以子貴贈中憲大夫

李蕃司鐸定襄以躬行爲多士範處心長厚與物慈良鄉里盡稱爲師

楊宗智歲貢任陽曲縣訓陞高平縣諭嚴飭行誼闡明經史一時相爲引重

郭居敬歲貢歷任晋藩長史持躬端謹博學洽聞爲學者法

喬可與　歲貢任陜西富平丞博學能文兩中副車奉先
敦族有義祠義田李大司馬爲之記

張維　歲貢任胙城訓導有訓胙薦再任南通州訓導攝
州篆陞臨安府推官視篆三邑皆有惠政

高允奎　字五聚舉人忠節公任孫喬寓廣陵窮理著書
有詩文集

郭天民　歲貢任徐溝縣訓導陞陵川縣教諭化孚兩庠
有真先生之號

劉怡　例貢任河南真定二府經歷學識該博勤愼有爲

喬堯典　例貢任順天經歷陞廣德州豁達有爲勤幹多
功屢考最績

崔育㮕　字任隆進士任直隸東明知縣捐輸修城設計
擒盜值差瑺虐畯馭之有法力陳上臺得免

李推　舉人葆之孫弘道之子讀書不仕廉靜有守

梁州杰　字皐廡穎慧善屬文由進士任陜西固城知縣
英資偉畧遇事多謀調繁長安靖盜有方

楊提 素行端方由恩貢任陝西蘭州州判陞陝西布政司都事候選都門拾金還主

段天錫 歲貢任永寧州訓導陞嵐縣教諭鎮番衛教授潛心易學傳授多人有暮夜饋金者卻之

薛連騰 恩貢任寧波府通判歷薊州府同知勦水寇有功署鄞墅關寬免雜税祀寧波名宦

喬玘 字佩玉例貢初任滑縣丞陞招遠知縣循良懋績兩地懷恩因璫擅權託疾告歸

高鏜 重厚儒雅謙退不驕由例貢授廣清郡佐地當南北衝繁不憚勤勞佐政有聲

張修道 廩貢考選州同學行一時推重工文藝善講課從遊科貢最盛

趙士奇 字見泉庠生與宇軒昂倜儻不羈寄情山水詩酒以善書名於世雖貴顯者延接止一布袍長揖有傲岸自適瀟灑出塵之槩

郭尚禮 守邦之父以弟尚智幼善撫育之及弟逝復卹弱姪成家後守邦貴公曰生計不必爲子慮矣

慮者姪耳悉推產之饒
腴者與之　以下孝義
邢泰亨　字保宇祭酒裔修祠祀先規書訓後好稱說古
孝友事善大小法書優游田居不求聞達
趙禹　儒士負性端嚴事祖母至孝奉父暨繼母備極色
養且好讀書樂施予
高自修　廩生博通書史啓廸後學遠近聽講者至百餘
人值歲荒輸粟助賑題授徵仕郎
崔岱　生員純孝天成無間閭里　陳師亮　生員力學篤行
以子來祉貴贈文林郎　事孀母裴至孝
郭金鏞　友愛兄弟以已資公分無私有一門六士之稱
梁澄　推車販米奉養無缺親病洒血書表禱神得愈
劉琰　幼喪父哀慟如成人家貧事母至謹母晚年病不
能行琰常背負出入母歿廬墓自負土築臺建祠
于上三載面垢髮結親識有饋分與貧餓天順間詔表
其門

陳經母殁廬墓建坊旌之　李明家貧事母盡孝母喪廬墓

席嘉賓字既之至性淳篤父蚤背事母從兄克盡孝友及諸兄繼殁撫諸姪若子門以内藹如也

張捷三科武舉授直隷鐵嶺衛守備陞真定府副將勇敢爭先力戰陣亡

吳世芳天啓年武生委授千總禦寇有功　黄秘禦寇白石坂力戰而死

高漆隆慶二年修城捐銀千兩　喬栢例貢隆慶間修城捐五百金

喬淮萬曆間出粟賑饑隆慶間捐貲修城　王志禹崇禎庚午流寇亂輸豆數百石佐兵需

國朝王維屏舉人授禮部司務陞戶部主事員外郎中出知湖廣武昌府教養兼優及備兵通審理屯田驛傳兵餉皆有惠政士民感戴建祠立碑致政歸田捐千金之貲創築城堡設立義學延師訓蒙煮粥拯饑施藥救疫或給棺立塚惠及枯骨人皆德之祀鄉賢

高巘字寅初進士忠節公第三子幼佩庭訓沉涵經史賦性恬澹與物無競文章卓犖任陜西寶鷄知縣

高暐字蒼巖進士忠節公第六子有文名初任曲靖府推官歷任嶶州府同知蘇州知府

崔永祉歲貢任扶風知縣補英山捐貲建署招撫開墾多惠政陞開封府同知

薛藎拔貢任景東府同知轉鞏昌府撫民同知持已端謹居官清介

喬運閶字良夫戊子舉人任崞縣諭繼補黎城作人之化兩地稱最遷東安令勸民開墾教習紡織捐俸建書院課士一時人文蔚起解組歸里不入公門設義田優恤族黨乙亥地震後發廩數百石以惠貧乏

張元聲字聲希舉人任密雲縣令地近邊鄙婦女不習紡績公命僕婦教之邑之紡織自此始其地軍民雜處冒旗假逃者甚夥公不畏權勢嚴稱審辦不令拖累無辜一時有山右鐵漢之目及休致家居一以造就後進惠愛閭里爲事

許克猷字壯其丙辰進士補内閣中書陞刑部主事調吏部文選司主事銓政秉公門無私謁恭謹端方都下推重歿之日橐
橐蕭然至不能歸里

楊本沃志節卓邁居家養親塵視功名物論高之

邢仁歲貢資性謹厚不輕然諾不苟取與有古君子之風

吳世爵拔貢博學廣識多士奉爲指南郡守劉立晉山書院特聘主社

趙鴻運恩貢持身端莊立品高卓步趨不踰準繩而尤精文藝壬子纂修邑志

喬運閎生員賦性端凝理學邃精設教聚徒裨益後進所著有雅音論繹意太極圖集説韻始適我集

學庸朱呂參諸書

翟維藩拔貢授興縣教諭博學能文有功傳註著四書繹旨二十卷

張纘字禹服進上授內閣中書歷禮部祠祭司主事遇事謹密中正不阿乙酉典試廣西

趙登科由將材歷任浙江紹興副總兵驍勇有名勦海寇屢立奇功

李弘德由將材歷任浙江海門副將死于難子襲職

王維哲歲貢善詩文篤于孝友四世同居內外無間言以下孝義

王升秀歲貢博通經史邑令延修邑誌鲁拾遺金俟其人至付還之清介之名士林推重

翟延祜諸生值闖逆之變繫父索餉祜號泣徧貸贖親于難

段用爕例貢崇簡約敦孝友　李孟元例貢有孝行周困濟急捐已不顧郡邑屢欠旌表

翟維豐生員古道克敦孝友素著家徒四壁能却餽遺以自遂其高

楊樞生員秉性仁厚撫孤從姪楊之濟楊之灃教育婚娶無異已出且善楷行草書遠近珍之

陳師亮割股　孫仲銘　張修德　王復新　秦可興

盧淵　鄧希孔　盧宣　鄭藎卿以上輸穀賑飢

洪洞縣

明段好禮以秀才舉洪武六年任福建惠安縣主簿法令嚴肅下民畏服

宋拯永樂甲申進士任戶部主事梧州同知趙府左長史陞江西提學僉事振作士類人文蔚興有詩文集

宋載唐卿後裔由貢士授戶科轉刑科陞太僕寺寺丞牧多善政奉王事於洪都夜夢二親乞休歸

衛英字時獻父政判開州英景泰癸酉舉於鄉授鳳翔通判定餉運均輸之法累陞開封知府郡近黃河築堤堅厚郡賴無恐中丞張䁥論英廉如趙忭而少琴鶴明如包拯而多仁恕傳者稱實錄焉

段讓天順已卯舉人任獲嘉華亭二學教諭典江西陝西鄉試陞高陵知縣關中大饑盜賊蜂起讓獲盜輒寘之法邑賴以安

劉熙性剛方質直不事浮華博極羣書採其精微初入太學祭酒吳見其文嘆曰子文可名天下即列上等辛丑署澠水教諭癸卯典順天鄉試陞任丘元氏知縣

鄭良相傑長孫成都縣主簿閉門稽古期繩祖武妻亡不續時稱金玉君子

韓文字貫道成化丙戌進士爲工科給事劾都御史王越薦原任尚書李秉王竑被逮考訊幾死出爲湖廣參議撫流民抑中貴畀官都御史既乞獨租停稅又治貪殘指揮李端陞戶部侍郎佐周經清冗食革賫緣轉南京兵書時歲饑曰救荒如救焚遂發十六萬濟之泰陵召爲戶部尚書面諭曰朕欲理鹽法苦人撓沮今邊儲日急奈何遂陳革鹽政七弊上從之康陵即位劉瑾恣弄威福時號八虎文退朝輒泣不能止李夢陽說以墾諫毅然改容曰善即事弗濟吾年足死不死不足以報國率公卿臺諫抗章劾其罪惡請寘之法以謝天下瑾等大懼太監李榮曰有旨謝先生愛君憂國言良是奴儕事上久不忍寘之法幸少寬瑾等繞上膝前伏

哭且曰馬狗鷹犬何損萬幾上色動瑾由是矯詔奪官削籍二子高唐知州士聰刑部主事士奇俱罷職又械繫至京下獄欲殺之文與劉大夏倡和自若人服其雅量瑾誅復官世宗即位數薦不起加太子太保賜誥襃美其詞曰但危言以叩關屹乎山岳之不摇甘竒禍以忘家凛爾秋霜之不變又曰起文彦博於九衮之餘人心攸屬繼韓魏公於兩代之後家慶彌長至吏部議謚則又曰愚同甯子而卒保其身老似武公而不弛於學上素嘉其忠亮故卹典獨厚贈太傅謚忠定文才望氣節獨起一世清心寡慾布衣屢澣卒年八十六

李杲　成化乙酉舉人幼聰敏博洽羣書任臨洮府同知政多惠愛既去民建祠祀之管蘭州倉場民歌之曰官攢無鼠偷監收得李侯收支不留難軍民兩下安草場失火民懼杲得罪爭爲償納之其得人心如此

鄭傑　成化戊戌進士授大理寺寺丞陞鎮江知府調登州會有冤獄傑禱於神夜夢船中一虎身揷三矢次日審曰此必周彪也其人叩伏冤者得釋人稱神明時蝗蔽天齋沐拜禱遂入江

王錫 舉人醴泉知縣教民種蔬民多獲利縣人肖像祀之入名宦

張傑 由例貢授當塗縣縣丞性質直涖官謹守修城督理有功

劉榮 由例貢授兵馬司指揮陞湖廣岳州府通判復除慶陽府督糧寧夏沈毅剛方平反寃抑不避權貴簡兵禦寇湖湘底寧義方訓子甲科接武

張誌 由例貢授萊水主簿陞米脂縣丞慷慨執正士林高之

韓士聰 文長子弘治壬子舉人山東高唐州知州公廉有爲期年郡治以父文抗疏忤逆瑾併弟主事士奇俱落職百姓遮道哭送逆黨在朝竟不起

韓士奇 進士文仲子刑部主事以父文忤逆瑾落職瑾誅起南京主事陞兵部郎中改祁州知州陞鳳陽府同知懷慶府知府開廣濟利人二渠道沁水灌田民受其利

韓士賢文季子弘治乙卯舉人嘉興府通判清勤簡易堰海有功民德之陞開封府同知多善政三年考績以父老歸居乞身侍養

盧綸晃子舉人授鉅野教諭歷慶府長史博學能文課士有方以詿誤歸謝客杜門葛巾野服坦如也

李偉舉人授博野訓導清苦一生善屬文多吟咏

郭世棨舉人太康知縣調涉縣篤志慕古苦學寒暑不輟爲政清謹以母老致仕著有井蛙集

南仝舉人授嘉興府推官陞御史博洽經史蒞官清慎執法不撓多所平反某以罪賄卽還之竟置以法

于璞舉人授鄆城知縣陞濟南同知才學精敏諳練老成操守清廉撫按旌舉以母老乞休

張天祿由歲貢任山東嶧縣知縣復除唐山縣鑿堯山引水灌田重修廟學未老乞歸

柴慶由歲貢授鴻臚寺序班陞直隸蕪湖縣縣丞佐邑勤慎老成

段紳由歲貢授陝西藁城縣學訓導陞直隷無極縣教諭代府紀善致仕操履端方政聲卓然

許翔鳳正德辛未進士任上蔡縣陞御史廵按井肅劾太監王欣等尅減軍糧千戶孫知等違法事詔治其罪後陞本省參議剛正廉明政績懋著

張道舉人授郃陽知縣民素刁甚有縛官吏者道至置以法革濫舉鄉飲辨謀賴人命救荒四政都御史韓邦奇記之

喬遷舉人授豐潤知縣戶部主事鄭府長史歷官敏練多善政條陳切中時務當路器重民甚德之

趙傑舉人授高陽縣教諭力學通經史學者宗之浙江分校稱得人卒於官

李復初杲長孫舉人授蠡縣知縣歷御史荆州知府陞山東副使未任歸清標美姿多才能幹德府世子被羣小誣匿媒孽廉其狀得實悉治以法衆論允孚因號名御史

董恭 歲貢招遠訓導陞寧遠教諭子史飽諳論學出人迄今士多傳誦

張琇 歲貢順德府訓導陞建德縣教諭問學優長課士有條

李深 歲貢陝西狄道縣丞陞鄠縣知縣守官謹恪

商萬鍾 由例貢授鄒平縣縣丞陞保定衛經歷致仕豪邁端方練達老成

劉登 例貢授南京鴻臚寺序班陞肥鄉縣丞負性剛方行事果决

張祺 由例貢授陝西綏德吏目陞直隸任丘縣丞歷官清謹

岳溥 例貢授同州吏目陞太康縣丞調錢塘才力敏捷歷官有聲

郭鎏 例貢歷承天府留守司經歷居官守法

衛淮 歲貢授榆林衛學訓導復除朝邑縣陞蘭州學正藩府永年王教授致仕勤於課士輔導亦慎

郭杲　例貢授直隸保定府檢校忠厚小心毫無苟取卒
於官蕭條歸里聞者悼惜

晋偉　例貢喜吟咏善篆書圖刻授元城縣丞在官勤愼
正直無枉或納一賄曰在子孫賢焉用此爲一經
啓後子孫
衣冠濟美

郭璋　例貢授米脂縣丞醇實質直不染於俗所在化之

南樞　例貢授深澤縣縣丞性如處子行事端詳

石華　歲貢授河南唐縣訓導性行朴實爲士表率

韓廷偉　進士士賢仲子文之孫歷戶部主事工部員外
郎中襄陽知府陜西副使調雲南陞井肅行太
僕寺卿未任致仕繼祖丙戌甲科後先濟美計糧疏漕
咸有聲稱守郡治不近名政惟務實士民戴之

王三接　進士相仲子授博興知縣行取爲忌者中傷陞
寧國同知補兗州府陞陜西按察僉事轉遼東

叅議未任乞歸以負重名早登科第蒞官清慎抑豪右築河堤修城堡訓士卒卓有成績屢被旌奬

劉廷相　棠長子舉人授河南西平知縣陞河間府判未任卒於官下帷積學淹貫羣集尤邃於易著文約集居官清介民多愛慕

劉廷臣　號白石棠仲子廷相弟嘉靖丁酉解元戊戌進士授裕州知州時天子由宛城如荆襄比歲不熟供應維艱或有爲廷臣留行者應之曰當官避難非忠也遂单騎之任不三日駕且到乃擇士著諳事者十餘人指授規畫事就緒時守令多被罪獨獲奬陞刑部員外遷郎中奉命録囚矜原八百餘人擢知開封府陞辰沅兵備副使尋改天津會妖民蔓延河間大名間廵臺捕治甚急乃給執令者曰此地皆良民焉有妖賊除捕治之命陰授以方畧擒殺之地方以寧會中州罷師尚詔之亂移兵討平之晉河南叅政陞僉都御史廵撫宣府防禦有功晉副都御史以捷賞金幣之賜乞骸骨温旨賜歸在官有二谷須知二谷圖説南山圖考

由舉人授河南遂平知縣調陝西汧陽縣政務平
易不事媕阿

張涵

晉朝臣　舉人授和州知州平除水患招撫流移教民栽
桑織紝褒節孝訪隱逸贍養貧生在和六載宿
弊俱清陞戶部員外致仕和民立祠竪碑戴德不忘著
經書韻考中庸解毛詩臆說

韓廷芳　舉人文從孫授保安知縣復除岐山改保定教
授清才博學蜚聲藝苑居里督修鞏城有記

宋溱　舉人茂從孫授沂州知州溫厚慈良周詳謹慎毫
不妄取以病卒於官士民惜之

李如松　進士復初仲子青年力學弱冠登第授山東德
州知州未旬月以疾歸道卒時人惜之

劉應時　進士廷相長子授戶部主事歷員外郎中陞真
定府再補懷慶府陞山東副使四川參政左遷
陝西副使居二年歸兩試名郡撫民課士咸出實心兵
憲海岱法紀嚴明大盜如陳姓者禍心莫測多方禁治
潛踪不敢稱亂地賴安靜陝
右備邊築堡練兵功稱保障

柳世謙舉人授靈寶縣知縣改陵縣陞大名府通判事妥安民有聲於時

晉應梶進士朝臣長子授中書歷文選司郎中太常寺少卿調長蘆運判陞廣平同知河南僉事陝西參議副使補湖廣陞本省參政按察左右布政僉都御史廵撫寧夏祀鄉賢

邢寶進士授直隸任丘縣知縣拜廣東道御史未幾疾作乞歸卒於家才識練達未竟厥施

郭進祿以歲貢授陝西潼關衛訓導陞直隸阜平縣教諭性質勤學多士則之

于邦聘由例貢授直隸元城縣縣丞才智能幹上官多服居里督修趙城有功

鄭朝相歲貢授萊州府縣學訓導性質苦學卒役士猶誦法不忘

柳豸例貢授直隸遵化衛經歷蒞官清介

李星由例貢授直隸順德府經歷太寧都司經歷所至有聲

楊宗賢　歲貢由遼東廣寧右屯衛學訓導陞裕州學正居官清苦以老乞歸

衛昆　歲貢授太平府訓導陞教授端雅有祖風

郭東周　歲貢授乾州訓導性聰學邃蜚聲士林司教陶鎔有方以老居鄉以行聞

董壎　選貢任滎陽縣丞陞合水知縣卒於官清操苦節蕭條歸里士論悼之

雍鋭　歲貢授魯山縣丞行動典雅不同俗吏

左誥　歲貢授直隸懷柔縣主簿嗜學不分寒暑行巳類多執正士論羡其文譽

范登　歲貢靈壽縣訓導陞衛輝府學博學能文有子克成其志

韓廷建　士賢子文孫歲貢授吳縣訓導未仕卒問學淵涵才華英邁士論惜之

劉守仁　字與居隆慶戊辰進士戶部主事歷湖廣參政以疾乞休恬靜寡營服官有聲勇退尤徵高蹈

董光裕進士汝霖季子授行人出使不辱轉陝西道御
史巡歷不擾以病卒於家縉紳惜之
張漢節歲貢授東平州訓導陞平度州學正敦厚醇正
不愧師範丁内艱卒於家一貧如洗
盧國光綸季子能文章延譽士林以歲薦未官而卒
晉承命萬曆辛卯舉人授高邑知縣特舉廉官第一轉
隨州知州補睢州景州陞南戶部員外調刑部
以抗逆璫回籍起補郎中陞永平府知府告終養流寇
猖獗立中統營保全無虞洪人戴德
晉承憲舉神童十二歲入泮有文名中丁酉副榜丙午
舉人署通州學正未幾卒於官子淑續
晉承眷舉人初任山東沂州知州時白蓮四妖戒嚴守
禦設計擒殺東省賴安魯人立五賢祠祀之陞
刑部員外旋差南畿轉本部郎中陞湖廣永州知府卒
於王事素性清廉有關西四知之操
晉淑抃由進士初任工部主事轉兵部主事陞吏部員
外崇禎辛未流寇猖獗逼近城垣走書請兵協

謀守禦竭盡勞
瘁民社賴安

胡來陛　由舉人官至湖廣副使兼叅議初任蠡令清操
絶衆橐無餘貲居鄉則葛巾布衣坦然自若嘉
言懿行在
人耳目

劉令譽　由進士初任潁上知縣丁内艱補河南寶豐兩
載調汝陽三邑立祠歷御史時中州多寇特簡
廵按受事之日調副將左良玉遊擊湯九州環攻兩中
勦馬不觧甲者七日甲戌元旦牛蹄滓大捷加級賜金
轉通政使引年得馳驛歸里西陲多故擢延綏廵撫運
籌四載烽消烟息

韓續祖　忠定公元孫由進士授行人廉潔仁恕謙謹篤
吉事母盡孝撫姪若子祀鄉賢

申嘉言　字天俞天啓乙丑進士授通許縣補完縣擢兵
科給事中以疾歸闖賊之變口罵不絶而死

宋炳奎　由進士歷山東副使叅議陞陜西苑馬寺卿轉
本省叅議才清識卓學問深奥尤精書法致仕

以來習靜林泉讀
古味道蔚爲醇儒
董汝霖歲貢犨昌府學訓導陞西華縣教諭懷仁王府
教授勤學不倦教子成材
范弘嗣字燿昆崇禎間貢博極羣書尤究心理學嘗謂
做人必從五倫做起教授生徒出其門者如張
鵬起申嘉言俱爲名臣總憲李維禎禮聘纂修山西通
志崇禎戊辰授正德州判刼漕備倒貴之具自蔣令誤
謫之宼奉檄解米抵京因獻防禦四策蒙嘉納保舉解
歸著書訓子石起雲稱其博比用修文比弇州詩比獻
吉行比衡山退比白沙云所著仕國人文鬯鬱草長生
箋做人鏡壓餘南原埜記晉國垂棘宗聖譜聰聖志直
聖志方公百政記晉詩續雅
四子秘密藏毛詩補亡等書
左世嘉號仰山少孤而貧好學補弟子員三舉行優邑
令喬公延之課子固辭會聘修邑乘論次多出
其手居常焚香閫坐屏絕世紛雖子登賢書坦如也所
著有謹信集要及讀書樂庭訓錄

邢大道字少鶴生員實長子能讀父書長于詩賦萬曆己酉與范弘嗣同應院聘纂修通志歸而隱跡於長春塢杜門不出所著白雲巢集二十四卷

李珊字西野少喜讀書隆冬盛暑不輟韓忠定器重之杜門二十餘年郎鄉佑少年不識其面

李生華庠生字就實號青春秉愚仲子髫年入泮才情疏曠嗜山水好吟咏購異書山房比𨻶白雲巢與少鶴山人旦晚倡和著勝遊寄興詩集

王家璋光祿寺署正樂施予建澗水橋修摩訶嶺子昌祚當闖賊追餉哀號願代父死以下孝義

范祖文生員其父正己東省探親偶以病亡文聞訃竭蹶奔赴及至彼尚暴露未𣩵貧不能具棺郎貸布抱櫬匍匐歸里邑令奬之

衛希相生員肯臣衛太守之裔也幼失怙恃乳哺於祖母趙氏祖父母卒相哀痛幾絕三年廬墓

杜永芳庠生號華陽質朴端方一鄉善士詩書吟咏以終天年

周敏國子生母喪墓所結廬三年朝夕悲號聞者痛之

李蘭父佩久客嶺表沒于江治上下痛哭求屍未獲念母老歸母病侍藥禱以身代病尋愈後母卒恨不與父同穴居墓側負土累墳露宿半載友人憐其貧苦爲鑿穴掩茅處三年盗賊問樹狼卧相守

石永春父母卒廬墓三年有白兎來馴之異

陰祿爲人友愛母商氏生祿庶生輝輝母以産亡鞠於胡姓姑家爲嗣胡績生子陰盛胡凋祿謂弟曰我等富令輝受貧盍念母招還彪有難色祿曰若不願以我分與之輝果還其婚費倍償後析如其分與之

晉統兄弟分爨後兄坐侵官糧力窘病故統捐貲完納撫遺孤銑錫如已出族之貧乏者歲以布粟賙之有李茂師龍者各負粟百石力不能償出券焚之後子孫科第貴顯人謂天報云

張滿家業淡薄事二親未嘗不豐二兄早亡撫諸姪若子歲澗水漲遍城下邑人患之滿督工築長堤障水南流城賴以保

鄭剛字彔道友楊敬以金帛寄家遭回祿財產悉燼敬聞災來慰意所寄併燼矣剛迎謂曰原寄悉救無一失盡還之歲荒民窘有司患官租難完聞剛德孚人委之催督乃諭以大義民多輸納貧不能者自有司緩之鄉人號之曰鄭廉使

劉恭為人謹厚以務農服賈自勵人有稱貸力不能償者輒出券付之

商麟邑監生某魯假金若干期仕償無何某卒麟憐其寡婦孤兒出券還之商上谷杭人葉姓者遺金麟拾黙何以待俄遺者來泣曰辛苦數年幸得若干欲歸養老母今失奈何驗實還之

晉承賓廪生篤行尚義臨終遺囑輸穀五十石送入學倉遺孤淑京克繼父志輸谷送學邑侯朱撰序

立碑明倫堂議倣社倉例經理每年散給貧生科歲贈
送文武試卷又文廟前左右創建門樓修葺殿廡尊經
閣又前廊建立倉廒改
造文星樓士林推重

國朝楊義進士累陞工部尚書秉性廉介居官勤慎視鹽
政而清盜販主棘闈而黜軋茁林下十有餘載
善事孀母愛弟
恭兄里閈稱之

晉淑軾進士累陞通政使賦性渾厚服官廉明以循卓
考選諫垣謇諤素著條奏侃直甫任大名即督
兵擒賊臧渠散黨地
方賴以安輯賜祭塋

劉蚤譽進士授山東莘縣令獨行其志不逐世俗守城
臧寇備盡勞瘁

陰應節進士官戶科左給事中秉性淳樸篤學耆古在
諫垣適值科場大弊獨毅然上疏陳人所不能
陳正氣直言有折檻遺風分
校鄉會棘闈所得多屬名儁

李脉健進士官行人奉使廣東遭叛逆逼仕義不從賊捐軀盡節

李鼎生事繼母色養不倦里巷有曾閔之號恭兄友弟撫姪若子中進士選庶常懇辭不受願就外翰叨祿養親上嘉其孝特賜帑金寵榮慰親歸居四十載誓不續娶兩任運庠正巳誨人因病請告居家冬棲身斗室夏則避暑荒刹踰七旬手不釋卷

范鄗鼎字彪西洪洞人芸茂子篤志好學丙戌中五經副車丁未成進士釋褐後以早年失怙即告終養山居讀書課弟姪外惟著書不入城市有居鄉儀重梓祖集正學編晉乘稗編人鏡朱子性理吟薛文清讀書錄明儒理學備考廣備考內篇外篇數十種行世薦博學鴻詞召取十三次弗就康熙癸未西巡召見進理學備考欽賜山林雲鶴四字居鄉黨樂施予於族設義田三十畝於里設義田六十畝於希賢書院置水田三十畝於洪洞趙城岳陽各置學田四十畝没年八十祀鄉賢

周自新太原營守備順治二年徃陽城征勦獲功奉調統領官兵駐防高唐州又改駐濟南多獲賊級又合勦禹城平原等處三次殺馬步賊寇數百獲賊馬騾器械數百巡撫具疏叙賚巡按優奬又進勦益淄等處勦十八盤殺獲更多巡鹽巡按御史俱加優奬陞松江提標都督封明威將軍歷任有年屢立戰功

范芸茂字賛衮生員弘嗣第六子從聘君遊理學辛全之門孝友力行崇禎辛未流賊至負病母以出甲申之變奉母避邑東南卦地山夜三更賊擄其父入城芸茂左右其父賊大怒曰汝聞令否對曰令箭來者死但芸茂人子也父老且病不忍不扶持即死不敢辭賊爲之色觧申酉後杜門不出不復進取卒於家所著明十六家小品評洪乘續緗栩栩齋集　以下孝義

范翼字孝前部鼎之子天性仁孝不事聲華一日閱文清公讀書録乃潛心理學兼註辛復元四子心傳功過格素善病因得醫理施藥餌日不暇給三十而夭

王昌祉父家璋遭闖逆追餉祉代父被刑賊服其孝釋之

張賢書其父染疾瘋顛起居無時賢寢食相隨衣不解帶數十年偶假寐其父走出賢夢中驚覺追尋家犬忽銜衣引至父所則已痰壅氣絕賢急探吐乃甦母病癱瘓賢求神祈代壽至八旬時荒疫賢施棺繼之以簞終無悔念有別邑鰥夫傭作折股賢心憐之招至家恩養年餘病痊而去

楊弘鉞父楊九徵被仇毆殺鉞年十二鳴寃各衙復籲登聞院准逮嚴審仇人罄業入官竟未問抵弘鉞朐藏利刃日思刺仇含寃九載度事不濟投井而死五日出神氣猶生鉞絕命後仇人父子相繼殞亡

王璽鎮守江南總兵官常以家財賑給難民備禦海寇屢立戰功

李時春遷金　段世榮輸穀賑饑

浮山縣

明李信洪武間以能吏薦舉入京爲兵部屬官遇當點兵司事者俱失册籍信背憶而呼之無一人差謬者

歷官至吏部侍郎

尋陞本部尚書

韓永建文時兵科給事中獻徵錄云永豐軀幹美鬚髯音吐弘朗每慷慨論兵事建文君喜之壬午六月北兵克都城永與陳迪巨敬戴德彝等同邑奸黨逮至欲官之永曰吾王蠋耳奚以官爲不屈死之時同約死義者三十五人惟黄福尹昌隆以歸命居官如故

陳福父俊以孝稱始以儒士充藩司掾既而改隸兵部武選司膂力善劔正統己巳之秋英宗北狩福方以歸省居田間聞變卽投袂而起自詣縣官提二長劍號泣赴難當事者授以裨將與將軍石彪聲援相應屢建奇功當歸凱患甲風未及受賞而卒吳寬詩有萬里煙塵雙劍掃九天日月一身扶之句以子貴贈御史

蓋繼富 天性忠義膽力過人世居邑城之西門內當英宗北狩時共陳禍偕行赴難並隸石將軍營大戰於鴈門關外奮勇先登甘心授命朝廷以陣亡優表其閭

陳孜 字敏學中成化乙酉鄉試登壬辰進士授慈谿知縣擢御史歷陞貴州布政致仕歷官所至有聲每於庭前懸楊震却金圖以杜餽遺爲御史正色立朝彈劾不避權貴

張永茂 歲貢授綏德州判尋陞安定知縣居官十三年剛正廉明一錢不取致仕歸橐籠如洗每以孝弟忠信諭俗卒之日老幼垂泣以爲失典型

張瓛 監生正德中知成縣正直端莊剛明果決才幹有餘多所建造吏民懷之

李一本 斂之五世孫也嘉隆間以明經授陝西同官令善折獄一境稱神明

齊鳳 歲貢任直隸滑縣丞嗜學博聞佐滑凡九年多善政邑人戴之如召杜

蓋大統由歲貢任鉅野縣丞陞齊東知縣時白蓮教作亂守禦有功乘間擒賊首徐洪宇上官嘉其才

張九德字見徵歲貢授香河縣丞陞贊皇知縣方直孤清風裁嚴正天啓中魏璫亂政勢傾朝野九德以不建生祠忤其意竟削籍歸讀書談道怡然自得

許傑歲貢任衛輝縣丞有才名兼善書

張福謙歲貢任慶都縣丞陞衛府紀善有學行尤精於書

蓋紹仁歲貢任彭水主薄陞臨朐縣丞質性剛正氣度嚴肅涖官二任未嘗着一絲帛博學弘才爲士林所欽

葛舜元歲貢性孤峭廉介好讀書教三子一孫有文譽

蓋大綬天性好施遇歲晚必出其粟麥百餘石遍給鄉里之窮乏者而於寒士則以金餽之每歲皆然

曾與許龍同時出粟濟饑

如相角勝者　以下孝義

蓋祿養　家產無幾見饑寒者輒衣食之有死莖無資者

或給銀買棺或施地莖埋鄰里義之

楊春洽　崇禎間大荒流民饑死者遍野施蓆斂之

葛勳元　崇禎末天下大亂河東道李日焜及府廳張秘

家口百餘人避難南王堡勳元納而館之順治

丙申亢旱備粟數百

石濟其附近鄉民

喬登俊　崇禎辛巳歲荒獨能推其所有周恤比閭族黨

又曾拾遺金守而還之

齊國賢　生員崇禎間巨寇紫金梁至南王村見其狀貌

奇偉欲以爲謀主國賢怒罵不絕口遂遇害弟

婦葛氏侄婦張

氏相繼死節

王牧民　字仁寰以明經授浙江平陽縣丞海寇奄至破

其城逼令降牧民執節不屈死之

高象先字斗南庠生甲申秋邑爲僞官所殘象先被執僞衛山伯欲磔之至死無屈言當事旌之

齊一本耆民少孤孀母栢氏失明本力田奉養朝夕無怠垂四十年族伯齊思民老貧無子本復養生送終盡禮焉

國朝秦士鳳武生順治己丑浮邑爲土寇所困士鳳分守東城屢與賊戰追賊於邢翟村賊據南山之險知縣王廷佐率士鳳直逼之是時賊方得地利士鳳獨奮勇先登賊頗披靡而後軍不繼力竭被殲焉從行義勇劉波武生喬璉奮身救之皆遇傷縣令撰文遥祭辭極悲慘士民皆爲感泣士鳳年二十有九

李先春武生邢翟之役縣令以其材勇俾領鄉兵冐險衝陣揮大刀連砍數賊以誤踐危石而蹶遂被害其子李金娃亦同時戰死邑人傷之

齊鳴珩生員國初選舉授鴻臚寺序班性仁孝持己儉慎接物慈和鄉里咸稱爲長者

秦吉士　字禎皇，歲貢。氣度飄逸，文學淵博，工于詩詞，而書翰尤爲精絶。國初，安世鼎知保德州事，延爲記室。岢嵐副使樓義，觀師保德，見而奇之，即令署本州學正，卒於官。平生樂天知命，不求聞達。有座箴云：「進以禮，退以義，得不得有命焉；行或使，止或尼，遇不遇皆天也。」

喬挺秀　字帝梁，庠生。質性淳朴，斥遠囂競，事親至孝。居鄉恂恂若處子。以下孝義

齊至盛　僑寓郡城，曾以百五十金輸助闔城工役。及抱病還，謂其子人龍曰：「吾有少妾在維揚，已娠數月。分娩後，當留其息而歸其母。若係男，汝善遇之，可畀吾貲産三分之一。」既而得男，人龍馳往，覓乳母携之以歸，保全成立，取名人瑞。家資巨萬，與之平分，此又善成其志者。

張鏗　己丑之亂，道鎮兵數千，請浮勦賊。時倉廪懸竭，官民洶懼，鏗出粟數百石以供軍需。岳陽掾張朝雨損折庫銀，追比將斃，鏗出百金救之。事平報之，不受。

張鏜性孝友昆仲五人友愛無間又尚義好施凡遇婚喪無力饑寒無倚者率多賴其周濟

周家鼎父鎗爲明時耆碩有鄉望家鼎無替家聲其兄家徜好善而未有子當彌留時以千金家產畀之辭弗受分給宗支之困乏者

周瑞割股　蓋文卿還金　許龍輸穀賑饑

趙城縣

明賀貢　洪武辛亥解元歷官陝西參政文章政事有古賢風

藺昉　洪武二十五年以通經儒士保舉任本學訓導改任南宮訓導教化大行

孔郜　聖裔洪武初以才能通儒業保舉任寧遠知縣嘉政報成奉詔旌奬

賈維新　洪武間貢任兵部主事歷戶部郎中大理寺卿以公勤廉幹爲時推重靖難兵至不屈死之

劉環　舉人任臨朐汝陽知縣陞光州知州祀鄉賢

劉九皋　環之子例貢陝西按察司經歷署商州後陞保定通判傳授麟經多士從遊

張儒　監生正德中渭南縣丞仁厚廉謹不事鞭朴人弗忍欺有長者風

李柱　歲貢平度州同居官廉愛祀名宦事母至孝教子極嚴付胞侄以房產尤見重於闔邑云

孔弘聰　聖裔歲貢任祁州訓導陞陽穀教諭致仕寇侵太原率衆修城又修裔家澗灌民田數千畝

賈詰　例貢靜寧州吏目處鄉恬淡居官清廉

高希古　性耆詩書孝友淳謹例貢任扶風主簿陞富平縣丞廉明著聲署洛南華陰兩縣篆俱有美政

張珩　進士戶部主事歷陞郎中延安府知府蒞官清直執法見忌而歸家居三十年恬淡自如不事干謁

李應選　進士歷任知縣行取戶部主事陞員外郎中出差淮安裁革常例至今生祠祀焉

王應豫　舉人任山東高密知縣調繁掖縣陞永平府同知蒞任清正居鄉孝友改正霍泉祭祀歲省民

間千金

祀鄉賢

董朝相　恩貢臨清州訓導賦性恬靜多士矜式

劉天衢　歲貢武定州判補汝寧陞階州同知孝事祖母三任清廉

高攀蟾歲貢寧陽訓導陞湯陰教諭愷悌作人義方課孫文行表表至今爲範

劉時俊舉人任建昌知縣敦行孝友狷潔自好所期不在科名惟篤嗜濂洛之學潛心研究得其指歸初任縣令已膺當道剡薦遭時不偶未展夙藴人甚惜之

高濟美歲貢德優學富士之翹楚

閻承寵趙州知州居家孝友蒞官廉能念本庠養廉倉贍士不足更捐俸金五十兩以廣其惠

郭養正歲貢正以持己慈能濟物生平多倡義之舉

李友梅歲貢三原縣丞署長武縣事大著廉聲

王應復歲貢首倡砌城功著保障　以下孝義

張維紀歲貢慷慨尚義捐資創建啓聖祠

王省 貢士教諭王邦彦之子自幼喪父事母至孝愛弟撫侄鄉曲推重以子應豫貴累贈奉政大夫

王顯圖 生員鄉賢應豫之子幼遵父訓克盡子道至於友愛遺孤分產讓腴過異世俗之薄者

劉登第 庠生以孝行著於鄉黨居繼母喪廬墓三年哀毀骨立父遺田產以沃壤讓弟已取瘠焉

劉縄陽 事親孝父歿哀毀骨立廬墓三年

國朝湯家相 進士初任常熟縣知縣潔己愛民政通人和後因江寧五府逋欠錢糧詿誤士民壘門罷市爭輸舊欠號泣申控科題開復已未補南漳縣知縣单騎赴任招流移恤殘黎撫按交薦因病告歸祀鄉賢

劉復鼎 進士任漳浦知縣愷悌慈祥士民爭戴以病告歸潛心理學不悅紛華家無儋石怡然自如

劉祚昇 舉人遼州教諭博學宏才多士矜式

王景陽 拔貢陝西寧州火池同知清苦寬仁商民咸頌

郭洪圖歲貢事親至孝内外無間撫按交章薦舉旌爲孝子之門

王思聖由歲貢任介休縣訓導陞遼州學正孝友醇正爲士楷式

衛全　張亨　楊芳　原敦　賈煥以上輸穀賑饑

太平縣

明李誠　正統甲子舉人慶陽府通判政事謹飭舉動循禮人樂其寬和而服其嚴肅

杜介　弘治辛酉舉人授安化知縣清勤不立威儀不喜人立聲譽事惟求可行可繼未嘗以己事妄費民間一錢

趙德　正德中任新野典史時有生員徐茂貧幾廢學德哀而撫之後茂登進士官御史陞山西參議甫至任即詣德家時德已故尊德妻以母禮與德子楚以吏職後楚任盩厔典史

曹永年　隆慶庚午舉人萬曆中知寧州廉謹著名考績入都宴天下清官于禮部永年與焉

李養恕　歲貢任荆州濟南二府經歷有文名纂修邑志

楊天民　號覺斯進士授朝城知縣廉惠宜民調諸城邑近海島亡命胥剽爲奸多方設鉤鉅法所在芟

散吏廣儲以備不虞嗣歲果大祲出所儲以賑全活萬計召選禮科給事中首疏復建文年號論順天鄉闈之賄進者權要意折補吏科奏礦稅病民海内直之陞禮科右萬曆末爭正國本疏凡十三上謫永從縣典史飄搖薦韋間猶以不登建元良爲念熹宗即位贈光祿寺少卿諭祭有掖垣諫稿

郭衛宸字葵一進士任四川嘉定知州錢糧不取羨餘疏錢局創義倉立課社異政多端蜀饒佳山水凡有名勝無不鑿石留題陞戶部員外以親老未任居鄉二十載事關地方者輒力爲之如揭報司農與求減賦具呈銓部懇選賢令守城救荒合邑被德時天下多事中樞陳特疏薦不起生平不事家產與物無競學問文章爲邑推首作字有顏柳風爲詩老氣追工部年七十一觀魚玩水陶然而逝

張闇然圖字淡夫拔貢其文不可一世躬耕樂道晦跡丘

趙霈萬性頗能文尤長於詩甘貧樂道不求聞達

張鴻飛生員淡泊寡慾殫心書史五十餘年足跡不履城市

王標字爾瞻生員性淡寡嘗闢墅一區播書種藥坐卧其中者三十年所著有牖下十書等集

盧登好義樂施臨汾舉人楊世禎曽貸銀若干後夫婦俱亡遺二子幼而無倚登撫有猶巳子嘉靖七年大饑給貧者以穀不責償 以下孝義

李秉霖父垍好義樂施秉霖有父風常感風疾會嘉靖四十二年饑丐尸盈野秉霖爲棺掩之鄉里貧乏者周之不能婚者助之後疾愈

張曹語諸生與弟思讓值流賊犯境率鄉兵迎敵尉村峪兄弟奮勇而死建祠祀之

陳王度生員母病籲天求代辛全贈云孝足維風及母卒廬墓三年

田一照三歲失父稍長痛母孀守孝養倍隆毎遇生身
之辰終日不進一茶一米嘗刺血告天以祈母
壽後果幾百歲而卒哀毀骨立不入私室者三年有司
上聞奉旨建坊
韓璒智子以廪生入監母病乞假歸躬視湯藥遂學醫
以濟人爲事
張其忠生員事繼母克盡孝道
韓循緒字元祚爲諸生性樂施予有蛩吟襍著
王之慎兄無後族人頗伺之因寒食拜先塋諭以大義
爲擇弟子以繼明末歲洊荒捐賑不少吝
張寶珍廪生親殁廬於墓夜有羣盜過其側相謂曰此
孝子廬也慎勿驚之孫雲鴻中癸卯科舉人
楊天職父喪廬墓捐穀救荒
衛邦德竭力事親家甚貧不與兩兄相推較兩兄及兄
子死皆賴以塟且雅愛儒術欲爲子公靖延師

不能夜向鄰家問字授之卒成名諸生

李卽芬生員祖母病願減已筭以增其壽後果如所禱有賊曾委贓物於家悉還之

張思温號熙寰爲人端莊沉毅崇禎四年因流寇上疏人服其義里中質成者四十年

馮永德太學生年荒輸米負債者不深計知縣李之實扁其名於洪濟橋

高岕生員有至性常瘞無主枯骨時稱之　盧循昂生員以私地開渠除水患

柴桂宇年荒救饑創立本莊石堡　張希韓擲金築堡遇荒煑粥

尉之魏本鎮修城捐貲二百金年荒煑粥賑饑　馮熊生員明季年荒平糶以果貧者又設義學

高榜縣南二里許惠遠橋爲雷鳴水所衝榜責住房重修人高其義

王象斗生員父病不違歲試奔侍左右及歿飲食不入口者數日　張進善父卒于外負柩歸塟

柴爾棟生員父病嘗藥歷五載如初　盧紘生員事繼如生親滌溺器不怠

闞中俊生員孝事繼母捐金修堡　李弼唐貢士統之次子父病視藥父卒哀毀竟殞

鄭延紘生員伯殁辭業不受擇子繼之　楊蓁生員遭逆闖追餉以弟蘗之嗣匿之慨然獨往

柴壯國繼母生三子父故欲嫁跪留之獨典身償父債繼母病廁牏皆親爲之

國朝田雲字霖蒼歲貢節孝傳家居鄉不疾言遽色師事曹于汴辛全崇禎間主講弘孝書院及門者濟濟所著有安邑性宗絳陽正傳復性闕集等書暨垂訓鄉人婺心語二十條

李克孝字纘吉援貢少失父事母至孝書無所不窺尤長於史學子孫雖登科甲布衣疏飯不渝其素

王庭字必揚貢士嗜學直而好禮遇人過輙規之然無後言人以是敬禮之著易林彙纂村居紀聞等書

闞思誠字敬之布衣質魯口訥性嗜理學諸書從洪洞范進士鄗鼎問字十年卓爾成就諸當事闆其

名多優禮之
并復其徭役

張問政　字尊五貢士少時父如全手書朱子讀書法於
壁示之輒引以自勵燃膏繼燭鬱爲聞士嘗拾
絳州周文炳遺金
十五務親追還之

王橚　號茂吾增廣生襟期邁曠潛心詩書舉二子連登
於鄉猶掩帷誦讀如故

王登魁　字文圖事繼母孝諱父自恩素喜恤乏殁後積
有遺券悉焚之以成先志

張銚化　字霖海貢士居家有法而好義如建堡施粥諸
事大爲時論所推鄉鄰有爭無不就正其門者

鄭茂之　字喬林貌古神清不以聲色忤物雖居近城市
而洒然高寄有古君子風訓子明良成進士

王履浩　字子克舉人性孝友色事二親母亡事繼如之
諸弟子姪輩胥化焉于古今興廢大故皆探其
源流確有成見可施行至事關地方率奮袂不避艱險
而復口不言功生平高譚雄辯掀髯顧盼睥炯炯如巖

下電一時名知海內凡巨公碩儒與之接者無不以遠
大期惜未仕卒

衛福　胡澄　王扶殿　張榮魁　賈珍 以上還金

韓聚原　李讓　丁朋盍　李德義 以上輸穀賑饑

岳陽縣

明常執禮建文己卯舉人授刑部主事立心高古處事適中

張瑩永樂辛丑進士歷御史禮部郎中文章政事著稱當時

何新永樂貢授御史端愨肅度吏畏民懷清介自持可以範世勵俗

吉泰景泰庚午舉人授崇信知縣愛民禮士革弊除奸徭賦均平崇民祀之

趙廷伋嘉靖間貢任經歷德府長史所至多惠政上下懷服及歸睦鄉惠族周貧恤患至於設醫藥立義冢尤殫力爲之

趙廷儼萬曆間貢授通城知縣修理城池防禦苗賊居鄉設立義田以贍宗族以子沛貴贈承德郎

趙沛廷儼子以歲貢歷任鞏昌府同知政績最著所在建立生祠祀名宦

李夢辰　恩貢維摩州知州殫力籌國潔己愛民有德政

趙汝璽　歲貢望江縣知縣居官獲上宜民處鄉急公尚義

趙汶　廷儼子歲貢隴州知州德才夙著從政有聲

師敬　父早亡事母張平居溫凊疾則嘗藥沒則泣血
以下孝義

張進賓　家貧竭力養親事父母以孝聞親終
及沒廬居三年　馬化龍　不御酒肉將十餘年

樊進學　守備賊據白素村學率兵壯直搗賊營戰死

段光彩　與周三元同爲千總賊聚冀氏山中彩領鄉勇
征之俱被害

樊光裕　進學子白素村之役挺身救父同死

李滿庫　父早亡事母至孝更仗義踈財冬冬施粥夏施茶
累年不輟

王宗璽以諸生改守備賊勢逼近和川堡璽率鄉勇迎戰連殺二賊死

王淦秋一歲而父亡母李氏撫至七歲即知孝養十二歲肄業郡中聞母病輒奔歸隆冬着单衣露禱願以身代數日夜不眠母病漸愈

李茂彩賊至彩登屋賊矢亂射彩擲瓦傷二賊相持良久身中數箭賊愛其勇不忍加害掠令同行彩罵不絶被殺

邢一科與賈良壁俱授本縣千總督鄉勇禦賊頗有斬獲一日賊擄鄉民入山二人與賊死戰衆逃二人死于賊

國朝趙汝斌由歲貢任開封府同知佐政公廉大著循聲先爲西城指揮疏請蠲免本縣荒糧並均徭鈌額共四千九百餘兩闔邑百姓世戴其德

曲沃縣

明仇敬字仲立同郝修巳讀書紫金山淹貫百家洪武開科薦鄉書第一明年成進士歷肇昌府建學授經教化大行于基以直諫舉任高麗平泉知縣孫祿以選貢授襄陽通判歷登州祿孫時隆舉人時古進士隆子文兹孫之遠舉人皆有文名

李新民家多積書不求聞達以明經舉任宣城知縣陞江西僉事廉介無私引年致仕

郝修巳洪武九年以明經舉第一任戶科給事中改朝城知縣操持清介任滿夫妻負囊而歸尋擢刑部郎中賜紫金山一區今名郝家山子孫世居焉

王七以布衣爲塾師當文皇靖難時上章闕下極論君臣大義其畧曰以臣伐君可謂忠乎亂祖宗傳子之制可謂孝乎欺其孤而奪其位可謂勇乎纚纚數百言極爲指斥上嘉其直欲官之不屈壁罵益甚太宗怒

至斷舌而死

曹端字正夫永樂間舉于鄉其先世居闇村本姓楊因五世祖繼舅曹姓者遂姓曹父敬祖徙澠池之窑陀里生端初爲霍州學正後補蒲州學正霍蒲兩地爭上章爭之霍州先上得允仍補霍州郡人薰其化多爲善者竟終于霍諸生哭失聲巷民罷市塟霍州東高氏之原所著有四書詳說太極圖通書西銘釋文孝經述解性理文集儒學宗統譜家規輯畧存疑錄夜行燭童子箴性理論拙巢鳴又有月川圖詩當時學者稱爲月川先生詳蒲霍兩州宦績

耿純舉人除國子監學錄陞大名通判子文聰文明皆孝廉明官郡丞文賡進士歷官陝西叅議

靳馳正統間補河南掾聞喪號泣步歸廬墓三年事聞旌表其門

郭清正統間任陝西隆德知縣有清操復勤于職

因禮舉人授武功司訓模範畫然康海志曰曲沃因禮有令名與御史白行中相善白憐其才欲囑當道禮曰如之何愛我而黜我哉卒不許後任松江教諭成造多人錢福輩皆出門下子綱字叔大由舉人爲滄州知州正大廉潔民稱布圖領因爺既卒貧不能歸大吏爲經紀其喪民亦斂錢帛賻之祀滄州名宦

李進資性簡重歷官中外三十餘年爲政明敏所在有惠政廣平齊南等處皆爲立祠仕至户部尚書

李浩字師孟進士授都水主事故部有辦椿草錢銀數千悉罷之奉勅清理畿内土田奪豪右侵占還之于民官至禮部尚書因天變上疏不報遂乞休給驛以歸卒贈太子太保謚莊簡

邢彪以明經授三元縣丞公廉正直下鄉勘事自裹乾糗不以擾民

梁綸舉人除隆慶知州剔蠹字嬰七載政成告歸百姓擁輿挽留爲立祠尋入名宦

常秉彝正德己卯舉人金縣知縣謙恭慈愛吏民悅服陞知葭州

秦錡舉人與平訓導勤學善教多士懷之擢大理寺評事

李鏞字伯音浩之子進士初授縣令輕徭節費儲廪興學一切與民休息繼遷御史務大體不爲鷹擊毛鷙然貪墨往往畏之

李鐄字仲南莊簡浩子京兆鏞弟自少坐臥一樓讀易數年不履戶外嘗曰不讀書萬卷即作文皆兒女子氣莊簡公以平逆鐇功將廕之鐄力辭竟讓其弟卜居景明山莊作白石洞優游其中後兄爲策名太學終不肯赴詳呂涇野大史白石樓記世稱白石先生

李承華鏞之子進士歷御史疏請實軍伍清宿弊褫逆謀策籌邊陞大理寺卿以終養歸

李廷寶舉人初宰清苑會乘輿諸承天多方調劑民賴安全子日煦由舉人除掖縣知縣後遷商州知州以抗辭忤稅璫拂衣歸

許遜舉人授河間令未踰月當路者厚需於遜遜曰貧
祿捷徑非吾寶也遂拂衣旋里
李日強少貧事繼母最孝由進士授宜陽令裁里甲冗
費革歲貢良馬以治行高第擢禮科給事中會
宮中取太倉銀三十萬抗言極諫又有養儲德崇實政
疏凡八上報可歷陞貴州左參政致政歸
李尚思進士授工部主事後廵撫西川會巴蜀用兵設
方畧勦撫勦石雪嶺擢吏部左侍郎子來培舉
萬曆乙卯
鄉試第一
劉朴進士初授壽光令值大水多方拯溺民賴以安歲
饑賑粟煮粥繼遷汲縣陞戶部主事
李大嘉進士授清苑知縣地衝民疲裁夫馬招逃亡時
張居正柄國一無餽遺久之始擢戶部主事
困桂字汝石貢生授臨清判清田煮粥修河造舡皆有
成績三署州篆再署博平泰安擢安塞令致仕與
弟梓梅三
世同居

呂乾健進士授商丘令興利除害招流民三百餘戶開荒田數百頃治行稱河南第一歷戶部郎中子兆麟舉人臨邑知縣未幾解組歸飲酒賦詩雖貧不輟

李承志浩孫鈞子萬曆進士初令汝陽繼轉戶部出僉蜀臬分巡川北申嚴法令特著風采改飭兵威茂恤軍撫民馭番以信番人畏且感之陞環慶副使值哱劉難起督餉無乏寇平賜白金文綺

衛根陽號清泉歲貢授代州訓導陞義寧王府教授每月甲乙諸生寒暑不倦

蘇州俊舉人任許州教諭訓士以實行為本一時名流如蘇繼歐輩皆出其門陞南召知縣調南鄭時張儀等脫伍寇漢中州俊單騎請兵平之

張國光字賓吾由舉人除平山知縣勦苗有功擢彰德同知獲玉璽以永報厥忤魏璫命解豫幸赴薊約束嚴明再擢戶部郎子洪循孫體壯先後舉於鄉為宦皆有聲

李齊流舉人手骨稜稜慷慨好施秦寇逼沃搜括民財勒流百萬酷刑疊加終不屈人以見危授命許之

上官藎舉人授順義知縣耿介執法不附權貴會寇亂殉城死事聞賜恤賜祭贈光祿寺丞

閻重光字紹南萬曆歲貢教授生徒從遊甚衆嘗聘修山西通志纂縣志皆稱史材

許永禧舉人除上蔡令在任六年已報最時流寇偪蔡衆勸其去禧正色曰吾守土者去將何之有死而已遂具袍笏北面再拜據案秉燭而坐城潰遂自刎邑人仇之遠有傳

衛嘉孚字臨山嘗客遊經修武還人遺金居鄉惇大有厚德時稱長者

衛嘉遇字雲山從父根陽教授義寧王府盡溫清之節晚年無子以兄嘉孚子周祚爲子周祚官戶部買草之役稱貸客中代竣其事周祚居官清約數十年無改操盖奉義方之教云

李丕挺字元芳舉人志氣軒豁嘗自箴曰養胸中正氣學天下好人處戚友善則與之否則斥之絕不回護人亦鮮怨三十而卒士林惜之弟丕猷字元靖舉人明亂慷慨代兄受累人皆難之

王維藩舉人性端嚴明於大義時明政廢弛秦寇駐沃授維藩青州推官弗受復授順天府尹又弗受賊大怒挾之以刑促令受劄維藩以皂屑揉目遂得免

郭允升舉人掩關讀書凡濂洛關閩秦漢左國莫不詳究從者甚衆後署濰縣教諭與濰人士講求性命之學以疾卒於官濰士扶柩泣送者數百人

衛蒿字匪莪闡絳山書院排斥異端以正學任四方學者多歸之尤明忠孝大節著四書問荅諸書闡喜

張根樸有傳

李明性性長厚有倫兒自詘請罪遣去勿問鬻業者僞增其直竟如數予之族子出錢收息過常召責

手裂其券課諸子有方
祀鄉賢　以下孝義

郝根　家貧爲人傭作母年九十餘得美食必歸奉之妻張氏不孝根知而出之月旦推重焉

李承寵　曆庚辰貢入太學生莊簡公孫生平孝友謙抑不妄交遊萬官柩至侯馬驛其子鬻衣爲費承寵賻贈得歸子仰備舉人

耿泰　家素封好行其德嘗有盜夜入其家泰緝得之盜蒲伏請死泰以穿窬不可爲誡之盜感泣

盧閣　進士世登季子髫禩失父性至孝祖父母歿代父盧墓偶遊京師思母心悸即日遄歸母果病焚香告天願以身代舅氏某貧且乏嗣死無棺鬻己田以殯之異母兄病日夕省侯不間風雨有變以分析未明俾爭訟者曰命薄難享厚資豈忍以阿堵傷手足鄰居回祿僅隔一壁火及而返人以爲孝感云事聞建坊

李宋　事親孝養彌篤親歿哀毀骨立後先廬墓六年嘗於墓次早起見路隅遺橐發視有字爲太平某之

遺骸往送之巡按扁其門歲給布米以彰激勸著有忠
孝錄景仰顔曾錄覺後五歌人子十二感等書

李敬陳氣節自高喜排難解紛弟與從子爭田將成訟
矣敬陳輙出巳田與弟事遂解

國朝衛周禘字卲孫又字斯盛少孤與弟祚相友愛進士
任金華府推官四川道御史巡兩關前後疏
數十上弾劾不避嫌怨爲當軸者陰持左遷順治間以
原任起用按三輔掌河南陞大理寺寺丞少卿
召問鄉貫科分衙門及父母兄弟陞工部左侍郎扈從遊
南臺遊萬壽山又扈從南苑閱武
賜宴未幾調兵部侍郎
以病請歸祀鄉賢

衛周祚字文錫又字聞石幼師兄周禘成進士任永平
府推官戶部主事員外郎中有政聲順治間調
考功郎中改文選陞太僕少卿累遷刑吏二部侍郎工
部尚書
賜鞍馬及
御筆山水圖會賑濟畿南全活甚衆加少保兼太子太保

改吏部尚書閱數月拜文淵閣大學士兼刑部尚書加少傅兼太子太傅進少師兼太子太師兩請假馳驛給俸如在官塒後復自家起入輔政條上便宜數事改户部尚書保和殿大學士未幾夙病作上章乞骸慰留再三仍令由驛支俸寵數視前有加逾一年病增劇遺疏入謝

上震悼

勅有司祭塟如禮

賜諡文清癸未

西巡

賜御書表率班聯四字

命額附額　御酒奠其墓周祚在政府二十餘年不諜榮利不求聲譽卒之日家無餘貲今祀鄉賢子台瑞以廕任宗人府經歷歷潼商道政聲藉甚不墜清門

賈生芝　手姿岸偉顧盼烱如喜交遊重然諾遇人有急罄囊賙之交河舊無橋捐金庀材獨首事焉

賈漢復　生芝子字膠侯少負奇才怨家造非言中害瀕死不屈明崇禎末以副總兵奉檄徵高傑入援

傑不應单騎比旋會　王師南下豫王見而奇之招隸麾下辭不獲奏授都察院理事官遷工部侍郎督修奉先殿撫豫加宮保再撫秦其所興舉皆關大計比卒賜祭如例先是碑洞石經缺漢復毅然鐫補又平雲棧復龍首修蒼龍嶺秦人稱之子國楨字伯幹以明經授蕭山知縣屏貨賂絶請托卒於官百姓哀悼

周冕字仲服諸生中副車父城固令爲李闖拷掠冕以身代人稱周孝子云

仇昌祚字振先恩貢初任湖廣鄖陽府通判陞廣東潮州府同知潮惠兵變昌祚以死自誓事聞擢惠潮兵備道旋以奔父喪歸廬于墓側祀鄉賢

王之旦字元夫旣成進士益肆力問學讀薛文清公讀書錄有得著日新學規久之任贛榆知縣寛大簡易期以道化俗贛人勸實政於石凢若干條以勞卒於官魏敏果公象樞以詩弔之曰平生砥礪幾多年向我還求一着鞭老淚於今何處灑筒中檢取日新篇

劉佐世字佑君至孝父客殁徒步數千里扶櫬歸戊子舉人高平教諭教士有法牛兆捷王奕駒韋感經指授知名於時庚戌成進士除霍丘知縣寬嚴互施廉介自矢以病歸及卒霍人及高平諸生會葬者千人

賈佩徵字賓臣舉人教諭太原初謁廟照國子監見行倒疊正十哲及兩廡先賢位次易宋代六子題稱補從祀者木主製祭器樂器募肄禮生教諸弟子以小學給紙命題彙其文甲乙之未幾以老請詳謂教諭雖係閒局風勵學校厥任實重今士習囂競義利罔辨一旦得志於時治行卑污毒流民生皆教官衰耄昏憒訓迪無道又復貌戀爵祿不能引身而退之罪也徵既老且病曠職自羞祈放還田里俾得心安遂歸距受事才五十日

王大作字邃子進士授河南洧川縣知縣治洧十年利興弊革如葺學宮課士子宣鐸訓毀淫祠招流亡墾荒地均河夫免運柳築河堤興水利蠲漕價嚴保甲恤孤貧辨寃獄載在洧志陞行人

徐漸忠母亡既葬匍匐墓下慟哭不能歸鄉人賻以米鹽不受或汲水遺之亦不受曰居喪而受餽是以廬墓市也且吾方愧吾心之不能自盡何敢累諸君子終三年乃歸 以下孝義

尉思貴朴茂醇謹性樂施予翼人薛進朝坐罪來訴得百金可免慨然與之薛遂釋

許之屏生員事親孝色養交至父年甫強仕不令知衣食計母遘危疾晝夜侍左右寢食都廢先是設帳學宮之傍廣文怪其久不至也呼之來則胥立矣亟以孝子舉屏固辭不聽並以辭狀上學使學使曰不自謂孝子乃真孝子也

蘇加誠鰥居養母母多病貧甚無以供朝夕又不能侍左右乃約與人力作但飲食其母不復計直日負其母坐田間樹下饁者來持以奉母或者並予其直不受固予之則僅受其半蓋以當母飲食之資云

李大芳性至孝親病嘗露禱欲以身代親沒水漿不入口者七日

張冕多謀畧順治間盜起圍城者再冕竭力守禦城得全

李進宸　許弘祿　賈世隆　梁忠誠　李受輕

吉山　衛伯善　常聚玉以上輸穀賑饑

翼城縣

明高翀字騰霄洪武乙丑進士授刑部主事陞郎中居官清介一日太祖微行過其家見妻紡織昱旦早朝賜絹以旌之蓋異數也祀鄉賢

劉平洪武間以人才舉授江西宜黄縣令負擔至任廉介寡合及秩滿歸邑人爭送之平日昔負擔來今負擔去宜也何用送爲永樂三年勑賜冠帶以旌之祀鄉賢

王錫舉人授教諭擢行在戶科給事中累官右通政爲人忠厚廉勤不事修飾朝廷呼爲老實王詳載名臣錄祀鄉賢

戴麟舉人山東莘縣令有惠政民立祠祀之

續旻永樂戊戌進士選庶吉士改新河知縣歷陞戶部郎中仍入翰林侍讀有文名

張恕　永樂年以賢良徵授懷慶府知事母病告終養母卒竟日哀號痛絶復甦負土築壠既塟廬墓三年

王泰　進士初令儀封至南刑部員外郎以祖母老奏乞終養服闋復職値宦瑾用事索賄公曰以賄獲官非吾志也遂乞歸瑾誅詔起福建副使至山東按察使右布政正德十四年致仕性至孝閲書萬卷莊重沉默服食簡朴居官清正未嘗阿人以干譽詳載名臣録祀鄉賢

周義　舉人授順天東安令陞薛州知州清白自守卒十年不能葬嘉靖二十六年知縣鄢桂枝具棺槨禮儀自爲祭文葬之觀者爲之流涕云

周禮　義之弟舉人任河間府判清介自持簡易御下陞深州守卒于官囊橐蕭然衆皆悼之

杜駿　芳之孫幼習舉業聞薛文清講學河津負笈從之受太極圖説隱居不仕讀書講道欣然自得弘治間提學王鴻儒延致問禮用一源顯微無間之旨稱爲隱君子以上客禮待之

周道舉人授延安府推官補揚州有犯法當死者權要以書囑之道不從舉正其罪後權要排之遂遷登昌府判監督茸肅倉場抑奪豪貴每歲省官銀三萬餘兩人多忌之道曰如此尚可以仕乎遂不出道性和易謙謹與物無競然至居官守法確乎不可撓也

胡鑄舉人任開封府通判廉靜自持陞鄜州知州忠質不事巧僞居鄉杜門自守未嘗私謁公府

王松嘉靖間貢授宜君訓導教諸生日以著書爲事傳通書易性理通書所著有繫辭主意洪範五行性理通書箋辯等編

王熙松之子歲貢任保定府訓導學有家傳不尚紛華其兄蕩盡資産以已業分給之

劉珊參議志之父也剛毅正直不爲習俗所移時舉易無傳公傳聞強識夙夜鑽研力久乃得貫通遂講授不怠建草舍數十間弟子幾至百餘人累試于鄉不第遂貢爲太學生授河南洧川訓導洧川士不諳經書

大義公親爲講解多所發明六年致仕祀名宦以子貴
封戸部主事性質樸自奉甚儉至族黨有不能婚葬者
必給貲以助之友過面折
然其人終無怨也祀鄉賢

劉志進士任戸部主事至右叅議歸養母曹氏侍寢食
二十年如一日自奉甚薄至地方利病有可言者
即達之上官不以自嫌當
道禮餽辭弗受祀鄉賢

吳夢麟字徵仲廷贊之子舉人授禮部司務官至苑馬
寺少卿居官苞苴不染及歸圖書蕭然祀鄉賢

范學顏隆慶庚午舉人知府谷縣有惠政尤善作人

李偉字世奇女爲慈聖皇太后萬曆元年晉武清伯皇
太子生晉武清侯恩眷榮寵偉小心畏慎始終如
一凡祀郊壇詣山陵幸學耕籍必命偉居守又命代祭
太廟與士大夫處無崇卑折節恭敬縉紳多與之遊先
役蒙被恩澤種種羨溢而自奉甚約日訓勅諸子以驕
奢爲戒曰不可使人謂外宗恣横以上虧聖母之德尤

多賑卹窮困諱言人過樂稱人善年七十四而卒贈加等諭祭二十壇勅有司治葬贈太傅安國公諡莊簡

劉應聘字天民舉人令臨潼造士均徭清糧戢奸守臨洮祀名宦居鄉樂善好施於今稱焉

高登明舉人保定同知居官仁政種種尤加意作人祀名宦里居十七年督撫累疏舉之未出祀鄉賢

張一相舉人山東莘縣令均平徭役捐俸建桂香閣以課士如孫肇興輩爲當世名儒

王三錫舉人任陝西成縣令山僻民貧濬渠墾荒種綿教織建水壋開㶾山民建祠以祀尋陞滄州倅健訟反覆以理諭幾于刑措日夜冐風雨杜塞漲水脫民于昏墊去之日士民如失慈母

史學遷進士令直隸威縣調繁滑縣撫善戢暴百度肅然擢御史屢廵直省指陳時事抗直不撓所薦如常熟令楊璉保定司李張銓後皆爲時名臣歸里倡修東山㶾徑陵下橋梁義舉甚多居家視弟學光友愛敦篤憫翼俗古禮久廢編四禮圖一册著有四書心言麟經三易草祀鄉賢

呂維寧字肖山進士歷官太僕寺卿寬弘有度朝論咸服居鄉坦懷示人無驕矜色

陳嘉謨篤學敦行毎以忠孝自勵由歲貢訓遼左殉節祀鄉賢

丁流芳字鴻揚進士知咸寧理繁有法判决如流院司數稱其才考滿例當得臺垣以不附魏璫判京畿軍匠分管三殿工事竣總理以能員聞賜服賜扁旋擢戶曹視倉通州會有警圍城甚急諸官相顧愕然芳率衆登陴設法守禦城賴以全通民立造命碑紀其功方戒嚴時漕船泊城下者千餘艘焚毁殆盡督事者責運官賠補芳題請免賠分巡叅議駐關內肅軍政捕流寇吏民安堵秦人立生祠祀焉晉分巡副使駐寧夏以母九旬請終養讀禮畢即草平寇方畧欲北上流寇奄至僞知縣以高爵脅之曰我封疆大臣以養母家居恨不能為國殺賊肯從賊耶賊怒慘加非刑卒不屈曰吾死期至矣遂望闕再拜以頭觸地死旁觀之賊亦莫不泣下彌月始生子爾貞能讀父書有學行孫書升中康熙庚辰進士

符棐舉人河南新安知縣撫字心勞爲民慈母居家孝
親訓子里頌長者祀鄉賢

劉奇字光宙天啓三年貴州苗叛圍城踰年總督張我
續聘奇南征奇殺入重圍立斬賊帥安邦彥等餘
首殺死無數後追敗軍至洄溪山前馬被坑塹賊以奇
英勇欲脅之從奇不屈罵賊而死總督張我續監軍道
徐清交疏題奏贈征南將軍
子思聖世襲平陽衛指揮

張第簡靜敦朴爲諸生時條陳婚禮以釐俗奢勒諸貞
珉永爲民便

錢國用雅嗜古道廉隅自飭司李鳳翔潔己愛民釐奸
剔弊舊例秦藩食鹽河東驛及秦晉請改川鹽
公私
便之

上官薦聰敏嗜學事王父母父母以純孝稱視弟侄教
養備至邑有大利弊如固防禦併里甲辦牛站
皆力爲籌畫修學宮修陵下橋梁首捐百餘金訓三子
皆成進士祀鄉賢

上官陞 端良孝友待諸姪恩義兼至歷官念餘年公忠不阿慷慨樂施救人緩急祀鄉賢

呂可嘉 孝友素著儉能範俗澹可廉頑

袁長庚 郡庠生當魏監毒害忠良之日不赴科舉閉戶博覽羣書著文集二卷

趙進 初仕陝西峽山縣令均差役懲豪民後以御史薦陞山東沂州守

崔允升 字一初進士初任陝西富平令陞西安知府時民有兄弟爭產以萬金囑者公厲色卻之從容諭以天倫兄弟感泣如初家居不異韋素惟以文行課子

史可觀 御史學遷之子以庠士援例任文華殿中書加鴻臚少卿孝友勤慎能成先訓甲申之變有勸其入山暫避者公毅然曰吾世受國恩而思苟免無論愧吾心且何言以對吾父乎遺詩數章從容自經

王三輔 字梅林性和以正博學善屬文每試輒冠軍居嘗以程朱之學授徒三次秉鐸無忝職

衛承德　字心服直隸成安簿邑多積逋日事敲朴乃請令緩期令不納立責之完德盡釋所繫民出三千金以代令義之聞其事于上陞兗州府經歷

劉元貞　性至孝父平任宜黃知縣卒元貞廬墓三年哀毀骨立永樂中詔表其門　以下孝義

陳琮　累世積德正德丙子客河東運司時有符姓者被同商盜三百金符覓勿得欲不生琮以已貲如數付之盜愧潛以銀置他所符得之返琮貲琮遜謝無德色諸生王才貧不能塟琮給米助之聞喜東鎮路通河東阻隘難行琮捐五十金付士人修橋其仗義類如此

張讓　捐貲修建高河橋

陳瀚　捐貲修築關城

譚繼宗　邑中代辦他邑差錢甚爲民累繼宗等詣闕奏請免之

丁應科　捐貲獨創石橋

楊鳳　好書籍聚數千卷通醫術嘗蓄藥以濟人弘治中歲饑鳳出銀以賑貧乏人多賴焉

常一清生員性樂易孝友弟素不檢負人錢不能償一清以己產償之

鄭威性至孝父喪廬墓三年　張紹秉性醇篤仗義好施

張瑤家世貧乏母病湯藥親嘗及母逝悲號幾絶而復蘇同父寢於草苫左右供養塑母像于廬朝夕拜奠萬曆六年詔旌其門曰孝行

王師帝邑庠生智勇過人甲申變起挺身率衆捍禦劇造火器以誤中僞官陰謀遭慘殺

國朝王廷諫親臣長子由進士初任行人分校北闈擢兵科典楚試兩闈皆稱得人陞禮右户左給事中歷任三垣疏罷禁中佛塔等疏咸奉俞旨轉陜西榆林兵備副使捐俸買牛給民勸墾又畫沙漠圖申詳撫軍請緩起科民力以蘇代攝東路修築神木石堤以禦水患士民名曰王公堤感德不忘歷山東按察使慈愛存心刑獄多所平反歸林下十餘年淡泊自甘不預外事祀鄉賢

上官鉉字玉鉉薦之長子有文名好獎勵後學已亥成進士就太原教授日與諸生講學課藝非周程張朱不以言著有四柏軒集後以子源贈中憲大夫湖廣辰州府知府

上官鑑字金之薦仲子進士教授潞安陞國子監博士歷户吏二部主事遷考功郎出爲嘉湖僉事終河南叅議仁厚剛直言笑不苟好古學爲文醇正博雅詩尤端凝居官清慎慈惠人稱爲上官佛子著一經樓集浙祀名宦翼祀鄉賢

王錫隆字爾璥舉人任寧海知州當兵燹後城池殘毁居民寂寥奸盗乘隙竊發田糧率多隱欺招撫流亡弭戢强暴清釐數廣丁額擢刑曹讞决多平反僉憲楚藩禁需索均協濟以蘇驛困嚴包棍疏引票以清鹽政商民咸受其賜齎表入覲召見詳陳利獘奏免部取綾紗紙張數百萬覲回以母老陳情終養築十畝園結嘐嘐飲自記年譜猶拜二十年卒

王廷議字文二親臣次子進士初令清澗招徠教養鋤強暴不少縱擢戶曹凡刁人指旗覇產者獨不畫題直聲播朝野會特簡經濟才薦守紹興多卓績著有秉月樓小吟四書閱歷解學詩家訓敬慎齋遺集

王佐字雪樞性穎悟讀書過目不忘十九登賢書由舉人任湖廣石首令時巨寇陳堦竊據佐單騎詣營諭以大義賊感泣邑賴以安擢御史正色立朝有鐵面之稱
上嘉其敢言召入
賜食并蟒衣一襲巡湖北復巡陝西擊彈不避權貴以父艱歸里讀書課子外不言世事士林稱高致焉

上官鈜字三立薦之季子由進士授中書乙酉秦省典試擢侍御按楚有聲再簡巡吳彈擊不避權貴貪墨者皆望風解綬復命疏陳湖南情形
上召至乾清門親問機宜敷對稱
旨大悅晉少廷尉尋遷副都御史以疏劾三藩跋扈降奉常已而果叛人服其先見會兄喪告歸建石橋於比闗

行人便之稱爲中丞橋一日無病逝著有誠正齋集八卷祀鄉賢

王元佶　字成齋少有異資工詩賦丁卯領鄉薦丁丑成進士候廷對没於京邸生平沉静狷介讀書教子不干預外事爲諸生時邑令欲識其面不可得士林稱高潔焉

張錦　字文伯舉人任涿州知州當三路之衝地荒民疲多方招徠加意撫字民始復業旋擢秋曹理刑獄涉羅織者槩從輕典全活甚衆陞霸州兵備治兵嚴肅不爲民擾霸人建生祠祀之比解組歸結耆年社優游林泉者幾三十年曾不以私謁有司著有六果園文集

常星景　字象台舉人任陝西隆德十載勸農課士百姓依之如慈母考滿擢吏曹奉公守職不附權要罷官歸里教子課孫日中端坐而逝

張鳳起　字羽王七歲入社學穎悟迥異凡兒父奇之旋失怙家窶甚或勸徙業爲治生計其母不聽績

紡佐讀甲午舉於鄉乙未成進士授棗強知縣時土盜大肆剽掠乃設團練鄉各一長互相救援盜不得逞鼻兵白鶴年等假盜行刼立致之死擢御史值大校南旋沿途索役夫多至七千餘名露章言狀得豁免又疏陳鹽引利弊士風澆漓皆關時政按部江南約法十二章與官吏相更始差停還京聞母病乞終養起補掌京畿道印協理大計極口言糾參不實有碍計典請嚴行黜華直聲大著或危其大峻諷之曰人當知止獨不計曩貧時耶正色謝之曰貧吾故物豈以一官易初志哉

袁舜薆字舜一進士初任梧州推官以裁缺補隆德知縣力請藩司除荒地二百五十頃又請鹽使減鹽引八百奇民困始蘇改補商城值歲大祲捐俸煮粥活者甚衆及歸囊橐蕭然

李質素字文肇舉人授河內知縣清明廉惠薦卓異歷遷郎中以督學莅西粵所拔皆名宿先是翼有薛士麟者倅粵歿于官歸其遺孤不令失所又宗某客死濩澤歸其遺櫬不令久暴居家十餘載惇行好禮會

無失德邑士仰重環溪魏象樞嘗贈以詩有自是循良傳裏人之句

張哲舉人任寶應知縣卓有政聲荒田積欠詳請蠲免瀕河水災捐俸賑恤以終養歸事繼母傳極色養

王廷諫親臣七子副榜貢初任蔚州學正士風丕變陞江西清江知縣卓有政聲捐俸修學宫葺河堤

高向台字泰階由進士授中書以父九十請歸後補嚴州同知嚴境苦盜首擒渠魁羣盜解散嚴人祀名宦督撫薦爲江寧知府清介自矢頓革繁華之俗以母老請終養民攀留之不得母亡以痛戚搆疾卒

高向壁山東嶧縣令墾田靖盜驅蝗賑饑至于催漕濬閘毫不擾民稱古之循良以病請歸

趙觀字呲瞻舉人任宜興知縣甫下車於署前兩壁繪優人下賤狀榜其上曰囑托者此狗情者此清介自持人不敢干以私興利除害政績大著

薛鳳鳴字扶九性端重不喜言人過以恩貢宰盩厔潔已愛民勞心撫字招降叛黨金龍韓福延等邑

境以靖及解綬家無立錐晏如也著有四書要言易經會意解長子元友愛異母弟同爨者四世人咸難之

薛采字章素鳳鳴仲子少孤事兄若父由進士令滇之詔田閒墾荒蕪給種粒使樹五穀造紡器教紝織三年俗始變又見黌宮頹于郊外乃徙建城中朔望爲弟子講解始畧知向學署保山篆除巨奸閔子新等民始安鎮民戴之立生祠祀焉

上官源字昆彭鉉子以恩貢任白水知縣加意撫字修龍門以崇文教遷湖州同知勤慎有才幹遷辰州知府收民鎮苗人皆服其廉正後歿於官辰人立祠尸祝之

上官澤字霖蒼鑑子歲貢授中書出爲開化同知當事稱其廉靜丁艱歸行李蕭然

孔毓鉞字雪卿聖裔康熙乙丑武進士守山東膠州營膠濱海士卒驕悍動輒侮民至則嚴飭痛懲俾知守法民不爲擾後登帥率兵迎駕合校二十八營唯稱膠善營中舊有剋餉規如缺兵打

草餘銀等項盡爲裁
革兵大悦以廉能著

上官澍字霖生鉉子官生長于詩古文辭平生樂善喜
交游捐貲修邑西北兩門橋人便之歲饑流亡
載道澍煮粥賑之又出倉庾所有減直以市邑人感德
焚券捐遺又比比也應銓中翰不就著有蒨度園詩集

衛弘謨吏員任江華縣錦岡司巡檢調往常德府花麻
堤督修辰舡兼催漂流糧米内有無主追比者
設法輸解上
官嘉其廉能

和鳴喈字爾音由舉人任河南武陟知縣再任四川隣
水知縣兩地遺愛至今猶載甘棠中年解組歸
足跡不入城市講學論道
主盟文社者四十餘年

袁鏘珩字二懷家貧與兄珂力學攻苦相爲師友壬午
舉於鄉任岢嵐學正講學課士外不干謁有司
不苟責諸生其操守與兄無異邑人慕其品僉遺之金
却弗受時稱清風高節

戴炳星字晉象歲貢潞安府訓導爲人厚重嚴方不苟言笑博通經史尤精性理從遊者甚衆

樊振榜字士元以拔貢教習性豪邁鄉人士咸重之里居教授生徒每一掀髯津津不輟家貧不以介意硯田所入輙以濟人雖家人誶語不慍也

秦鏡號非臺舉人任西安推官持法多所平反解組歸里置義田義塚廣行陰德事修橋梁道路如西烏嶺辛庄坡屋山橋皆晉豫要路行人利焉博極羣書晚猶手不釋卷所著有通鑑太上感應錄秦氏家訓冀河干烈序載通志壽八十餘曾玄繞膝長孫棟任潞安教授仲孫梁任四川綏陽知縣

劉漢卿字卿雲庠生工書善屬文父繼呂嘗病劇漢卿禱于神願減十稔益父後得壽果如所祈國初刺耀州請獨徵併里甲耀人被擇劇賊王永強雲集冦城設奇禦之得以保全尋監郃陽軍安戢殘黎有和陽寨者民所避兵處也固山以爲賊藪欲屠之泣解獲免人立祠祀焉署商州多方招徠時賊掠民間婦女累千

萬賊遁有檄令解西安力請遂寢後計殲渠魁招降七十餘寨當事交薦之擢保寧同知適秦兵戍川譁於廣元奉命按之曉以大義懲首赦從兵以戢當事薦功第一遷肇慶知府孫洊中康熙癸未進士

王德明舉人授太谷諭以身率士士風一變

孔毓銓字簡卿聖裔自祖思用流寓世籍翼少時流寇蜂起奉親避難塗遇賊將刃之哀泣願以身代賊嘉其孝釋去母患癱卧床者六年嘗藥調養未嘗稍怠弟亡撫姪如所生三世同爨由歲貢任陵川訓導捐俸修葺學宫雅意造士迄今頌教澤不衰

張臺人字五雲以道德文章陶鑄多士沐其教者七十餘人

崔宗城增廣生博學強識品行端方工書法從遊者屨滿戶庭

辛應昌增廣生慷慨有氣節遊淮上數載携館穀百餘金歸晨起放舟遇有沉水者呼舟子急救詢之

乃夜被刼負富人資不欲生者昌探囊付之無所惜求
姓字並不與言　以下孝義

王世蔭庠生洪洞張弘善寄金三百餘家被冦刼張無
望焉蔭招張還之張感泣下

任金章字文苑壬子副貢性至孝而清介家貧以舌耕
養親父文學豪放不覊晚年嗜酒日招父契與
共以娛親志臨汾孝廉王永命贈之金借父壽爲辭卒
不受講道論文亹而不倦執經者百餘人

王振麟廷諫子本生父武昌知府廷議也下帷攻苦丙
夜不輟廕官貢事親先意承志時稱純孝生母
憑恭人卒哀毁成疾賫志以没士論惜之以子嗣遠贈
桂林府同知

劉繼吕字文軒儒士直方孝友居鄉雅有德望以子漢
卿贈知州

劉弘績字含美副使應聘曾孫性至孝父罹囟禍出入
危險卒免父於難母病禱天請以身代尋愈以
孝德著由副貢任介休訓導日與諸生講學論藝有如
家課間有單寒出俸金助其薪米士多德之

李名顯　井貧力學老而彌篤孝友之行族黨共仰之

王曰欽　庠生事親純孝行年五十孺慕依依如孩提時及歿每對人言輒流涕性廉介井貧守約不受人憐有因事暮夜餽以金者叱之去與人交直言無隱鄉人化之有彥方風

高毓慶　敦倫好善

陳汝清　生七歲父客死秦地清年及二十二鬻産尋父骸骨誓曰不得無還入秦歷四十載竟不得偶遇李叟云故人劉某叙交遊曾及汝父鄉貫惜其人往閩清至自秦復鬻産走閩訪劉不遇者又五載號泣行市有叟問之清告以故叟愕然曰余即劉也遂指授清父瘞處有字磚塗朱可識清復如秦負骸骨還時年七十二矣縣令旌門曰百歲孝子

楊效榮　郡庠生少孤家貧以訓蒙資養榮終日一飯而母饔飧不闕於供母歿搆廬塚側泣血三年當

事者以聞

建坊旌表

秦民聰庠生天性孝友父以事被誣聰乞身代獲昭雪與弟析産擇美者讓之爲善於鄉慷慨喜任事如修石門坡黄家舖坡給孤貧花布施行人茶湯及漏澤園所在多義行教子鏡登賢書爲名司李

常星奎庠生博學敦行事繼母以孝著子居易丙午武舉孫子邁庚午舉人

高威庠生兄弟五人威居三長兄異母客死他鄉無子威間關千里力致骸骨歸父疾彌留幼子在襁褓愛不能割痛之甚威體父心舌耕爲婚娶生平究心理學博覽羣書從遊甚衆

袁雅度字崇雅祖宗顯曾爲天柱令甲申李闖比餉賊執其祖母薛氏度挺身向前求以身代賊大怒以刀破其臂度正色言曰寧死不忍見祖母受刑遂釋薛夾比度夾木忽折復夾仍折賊亦驚俱釋之後家業寖微孝養終身不衰

任惟尹監生父卒弟俱幼困苦艱辛悉身任之稍長竭力延師各有所就督家四十餘年毫無私蓄

郭屏郜廩生與庠生允升同嗣郭某後家故貧遇歲大祲貧益甚秋止獲穀數斗郜悉以付升且曰弟自食之勿憂我郜家實無升斗人以爲生死之關猶勝同胞云

張孝貧家子未嘗讀書識字七歲時爲兒戲父母責其不卒孝泣杖堦下人咸異之稍壯遭流寇亂負病母避山中採蔬食之得免貿易他鄉每食必遥祝父母後歸家父母相繼逝晝夜悲號遂致疾疾時口不言家討惟日呼父母不絕而亡

薛從周　韓　登　胡志綱　常　遠　任愛民

王士仁　焦　欽　王永吉以上輸穀賑饑

汾西縣

明仇益　進士官至按察使忠誠體國惠澤及民

范琮　翰林院庶吉士博極羣書望重詞林

仇鎮　舉人知膠州仁恕恭儉化民以德州負租奏于朝得免陞贛州知府去之日行李蕭然民立祠祀之

周鑑　官至提學僉事山東參政剛介執法清嚴持已歷數十載始終一節

侯銘　丁卯亞魁授盧州同知擢淮南道僉事秉心廉潔蒞政慈惠致政歸敝廬布衣終身不改

逯光輝　歲貢歷兗州府同知轉晉府左長史所在以廉幹稱至今兗民祀之

傅求康　字太微萬曆時歲貢授汝寧別駕署府篆攝新蔡所至廉平汝人祠祀陞河州知州清慎慈愛致政歸

傅青雲字瀛州髫年好讀書言動周旋必從繩墨泰昌時選貢筮仕渭南多異政泰直指傅來淳疏薦優擢會丁母郭宜人艱以過哀成疾卒

王永年字祺延弱冠文名出衆禦寇守城有方畧以鄉薦任忻州訓期年撫院直指連章交薦擢武功知縣多治行剏建東關城士民祠祀之值闖變殛授臨鞏防禦使不受歸

閻生斗字文衢風姿魁偉氣度清雅應歲薦歷陞保安州守廉介謹嚴士民懷德畏威值寇數萬環城率鄉民守禦城陷被執死之事聞贈太僕寺少卿廕子入監諭祭一壇造墳安葬建祠春秋致祭

閻調鼐選貢兗州府同知保守濟寧多著奇績

傅誠誨性耿介任六安州同州人頌德不忘

薛福事親至孝母卒結廬墓側泣血三年　以下孝義

馬駟天性慷慨正直人有稱貸不能償者捐之族人貧乏者周之

王世文太學生公直友愛出自天性父質早喪遺四弟五弟方在弱冠二弟三弟繼喪遺侄五人同爨四十載家業均分無私弟侄與子皆補太學生嘉靖二十年輸粟二百石賑荒

傅永貞事母孝居鄉仗義樂施苟可利人不嫌捐已邑人稱爲長者

馬價尚義輕財

李時化乾河原有水地五百畆河衝成灘縣令甯瑨委之督理不逾年底績人受其利

國朝侯七乘進士武平知縣歷廣信同知讀書能文章居官有政聲

逯合芳字孝開豪放有古狂士風尤工於書應順治間歲薦任懷仁訓導卒於官

趙希賢例監輕財好施每遇失所者解衣推食無吝色

侯忠字蓋臣旬之弟夙負大志六上棘闈不利任三人俱筮仕屢請不赴甘貧樂道人高其志

郭封伯武生當賊寇攻城之日城將潰身冐矢石督戰一邑賴以保障

王癸軏庠生爲人磊落不羣膺東門總廵平寇之亂守城無資首輸數十金以爲衆倡合邑咸服其義

靈石縣

明李威舉人會寧知縣寬仁明恕不畏強禦有宦官擾害地方上疏極言其惡虐焰頓息以治最調長安祀鄉賢

裴泰舉人博野知縣歲凶諭富民平糶全活者衆修城濬濠民樂趨事陞定州知州時大同缺邊餉部檄令定民京倉完運郎上議紫荆關直抵大同比之京師轉運甚便請借州倉如數輸運而以未領京儲准本年秋糧之數免其徵納官民兩便當道韙其議在博野請祀二程守中山改正韓魏公祠其雅重文教類如此定州祀名宦本縣祀鄉賢

吳琨進士歷吏部主事員外郎中公愼自持無敢干以私者巡撫井肅恩威並著轉南京右副都御史憲綱不振二十餘年清慎伉直始終不渝當時朝紳稱之有直不過吳琨之語祀鄉賢

裴繼芳泰之子進士授工部主事管閘臨清時宦豎恣橫至臨清變轢官吏繼芳盤驗其私船搜獲貨物入之官漕河肅清復除戸部管糧通州運官夙弊剗革殆盡卒之日囊無餘貲舊廬僅蔽風雨

王寵恩貢授大名府通判訟理政平歷南陽府知府未任遇闖百折不撓祀鄉賢

王之度丁卯舉人闖賊逼仕死守不出其母牛氏二十五歲孀居訓子節義始終不渝國初授鄖陽府通判有惠政

劉憲庠生朴實有孝行父先殁母年八十餘正德六年流賊入境憲負母入山避難賊至憲曰寧殺我勿害吾母遂遇害事聞朝廷旌其孝令有司立石賜金助葬祀鄉賢

宋之儁進士授北直容城縣知縣歷禮部主事員外郎中轉登萊海防監軍兵備道剛直自持不畏疆禦以忤黨人乞休甲申遇闖寇罵不絕口死之妻喬氏撞階而死其女殮母畢亦取簪斷喉與母同盡

王之棟武舉之楨弟也爲都司因救兄死于難

梁之孟武進士平型關守備拒賊陣亡

蔡友福景泰癸酉助邊穀一千石授七品散官　以下孝義

任守清與劉佩賀九思俱居靈石冷泉關嘉靖庚寅盜起居民逃竄三人倡義率衆捍賊力不支被執俱奮罵不屈而死事定數日收其屍同葬一區顔色如生撫按張趙兵憲王共遣官致祭仍樹忠義士石坊於墓前

翟公佑省祭官與弟公忠友愛深篤嘉靖壬寅土寇至佑令弟急走願自當其患忠曰兄在請與共死遂俱被執兄弟爭代死賊不聽兩殺之

張諤與弟詔誥俱以孝友稱事父母極盡誠敬雖小疾必籲天願以身代父廷芳左股病癰醫以刀刺破

血漬淋漓命垂頃刻兄弟輪口吮咂父瘡頓愈後親終三年泣血茹素如一日嘉靖壬寅遇兵兄弟相携渡河避難河無舟惟一木函諤讓詔先渡甫畢賊已逼近諤遂投河中流忽遇淺灘得不死人以爲友誼所感

梁儀鳳萬曆三十八年邑大荒僅留終歲之用盡輸賑救負載其門者如趨市事聞旌爲義官

閻思學尚義急公樂施濟泉歲饑斗米三錢出穀五百石賑民奉旨建坊

田時雨歲貢授榆次縣訓陞永壽諭未任而歸安貧樂道家居訓子

王立賢天性純謹生母早亡事繼母如生母父卒廬墓以哀痛成疾卒於墓所

國朝王之楨進士授夏津知縣歷工部主事兵部郎中轉覇州兵備道陞山永監軍道所至有聲

王者佐舉人授新樂知縣嚴明伉直不避權勢及陞大興有南陽包老之謠

韓進初仕開歸鎮遊擊知勇過人仕至雷州協鎮

何思祥子二起蛟騰蛟皆膂力過人精通武藝順治初山賊屢誘入黨堅執不從爲賊所擒駡賊不絶口賊怒磔之

張元甲博學好古不事舉業凡小學近思錄經書史鑑性理諸編無不窮究根底身體力行室如懸罄恬然樂之值親喪恪遵禮制三年不入私室

楊起麟天性仁厚慷慨好義從弟升秀幼失怙恃撫之成人復割已肥田五十畝銀一百兩又念秀子莘及茂年髫母孀所給銀田亦如秀念族人丁徭苦累乙未春出金三百兩置義田取租計足闔族丁徭之用中賢明者掌計嗣給母族何氏戶內二百兩使營息納踰年又出金一百兩取息爲老稚貧窮婚喪之需擇族差欲廣母恩也又與本甲銀一百兩爲應催役戶長代耕之資縣中修通應官車又出金一百兩助之其他濟困扶危不可勝記以下孝義

王斗星 少事詩書捐金重修孔廟

王興旺 秉性仁恕好義樂施康熙八年本戶輸該見年輸銀一百二十兩爲應役者代耕之資

牛希顏 與弟宗顏共列爨序三世同居自幼至終並無異言失色

曹自強 事親至孝行已克端丁母憂廬墓三年

梁天錫 庠生事兄若父愛侄猶子遇貧寒者罔不周濟康熙三十七年歲大荒捐銀賑饑

梁天藝 狗峪灘修渠輸銀三百兩水頭鎮修渠輸銀一百兩又出銀三十兩置義田爲族人丁徭之需

梁天成 學生出粟四十石周濟孤貧又每年出銀代族人包納差糧幾二十餘年

曹爾仁 父早喪母久病卧床仁朝夕問視未嘗少懈母歿廬墓三年撫養幼弟解衣推食人人稱之

張星爆 父瘋母癱每鷄鳴煮粥奉事兩親朝夕無怠即厠籌亦不假手他人及卒三年之內不入私室

王于庭監生撫姪寅德崇德無異己子

王寅德監生村西堡塌毀施銀爲衆人倡

王佐才生員栢溝村建立義學置田二十畝爲薪水之需靜昇村東有水溝時遭暴雨斷絶往來出貲

修通濟橋

曹潤白與弟滋白輸銀六十兩置義田闔族沾惠

吳弘業增生受任姓之托撫育其孤毀張氏之券保全其節

裴承晋因族人貧窮慨施百金爲本户徭役之費

趙克類恬靜好學不事奔競友于兄弟撫姪若子

李曉　闞朝臣　張寶　閻思義　劉強以上割股

劉英 輸穀賑饑

蒲縣

明張璿正德間任四川招討經歷以德化蠻人聲聞于朝擢知掖縣清苦自茸取予不苟歸時行李蕭然掖民泣送之抵家壽幾百歲

賀一孝歲貢任恩縣訓導歷陞保安衛教授爲人平易寬和與物無競鄉里俱稱爲忠厚長者教鐸所任課士有法從祀恩縣名宦

馮圭敬歲貢任吉安府通判陞寧羌州知州改補賓州歷任清白綽有古風

王世俊恩貢任磁州判官陞靈壁縣知縣值流賊破城人民逃散蒞任後修城濬池招募流移漸次復業後因漕餉被議人民泣赴上官保留復任三載會賊數萬圍城七晝夜卒能保全

曹鼎成化間父任陝西綏德州衛大使卒於官貧乏不能治喪鼎乃躬自推車置柩於其上妻引于前而

載之歸行至黃河境上絶糧夫婦相向而哭莫知所措無何大風撮樹葉推擁其前啓視乃紅棗一窩遂用餬口得與父柩同抵里

以下孝義

曹懋通 父病躬侍湯藥衣不解帶者數十日病革焚香籲天請以身代父死及埜廬墓三年又善事繼母賙恤異母諸弟

賈應薦 生員明末闖賊將渡黃河土惡百人乘亂搶掠薦糾合鄉勇擒首犯惡黨斂跡

劉光蒲 事親竭力父疾祈天減巳年以代疾旋愈後執二親喪毀瘠如禮葷酒屏絶者六載桑拱陽作仁孝詩贈之後以明經未仕卒

曹良棟 素行剛方廉介自守崇禎七年大饑人相食棟久不舉火親鄰知而餽粟良棟曰吾既不能自食而反因食累人於義何居且死者人之所不能免也義者士之所當守也堅卻高臥七日而死

國朝賀楩　舉人任直隸阜平縣知縣愛民若子治邑如家
百姓感戴呼爲慈母行取刑部主事陞員外郎
中考選御史出按山東爲治公正嚴明不避權貴不徇
請託捐館之日囊無餘資

冀亦式　恩貢授通判改選樂安縣丞陞蘇州府海防同
知居官清正軍民安堵因病旋里居鄉端正待
人謙恭一邑之
中咸推重焉

馮作新　生員醇厚謙恭喪母三十餘年嘗懷風木之悵
父性好靜潜居城外作新晨昏定省無日少間
愉色婉容愛敬兼至父病將革焚香祝天願以身代事
兄如父曲盡友恭

王世與　生而樸魯父喪遺母孀居世與事之昏晨定省
不少踈每日飲食母畢家人始得飲食鄉人名
之曰王
孝子

張煇　家無生計傭作供母母故無櫬具夫妻籌畫轉鬻
幼子以爲塟母之費人咸憐之

郭昇　韓藝　以上輸穀賑饑

蒲州

明陳彭年 元末與弟有年隱峩眉山下洪武初命中書省徵之有年病辭彭年詣闕對稱旨授左司郎中陞湖廣左布政使時僞漢方平百事草昧殫心勞瘁力疾乞骸歸鄉人稱爲二難

祝春 洪武中以儒士舉爲通政司叅議累陞詹事府少詹事學行卓越

羅文金 孝友廉靜才藝優贍洪武間徵辟授御史建白多切世務勅命寵之

趙鼐 字玉鉉洪武間舉人授沂陽縣訓導隴俗獷悍諸生事弧矢鼐嚴條約以身先之數年諸生遵禮教雋詩書登科目者累累焉秩滿調三河教人如沂陽丁內外艱起復滑縣薛文清曰先生爲子而能肖其親爲師而能淑諸人爲父而能善其後少而學壯而仕老而休全歸壽考可謂卓乎有立克保終始者矣

王旭 字士熙性孝友精於詩易洪武間叔鳳儀任盩厔論戍旭以身代戍畧無怨色鄉人義之

盧克敏　舉人無錫知縣爲民辯冤人服明斷

薛會　舉人工科給事中三使占城交趾服勤王事卒于外域恩賜歸葬祀鄉賢

謝琚　永樂癸卯舉人西安府訓導歷陞御史建言修德弭災十事多見施行

張福　永樂庚子舉人授肇昌府教授累陞大名知府卒于官民詣闕求立祠報功春秋祀之

史顒　舉人爲井陘訓導擢御史涿州僉憲竭力捍禦陞浙江參政著保釐之績

王璧　歲貢偃城訓導端嚴課士範經淵源　崔進　歲貢廣宗知縣剛明果斷吏民畏服

孟琳　景泰庚午舉人從學薛文清得其正傳會試時石亨托鄉誼相邀不往除知邳州陞淮安同知蒞事精敏練著政聲子汝濬知府汝蒞舉人通判皆以清節著

謝廷桂　景泰癸酉解元會試時曹石輩爭館之廷桂拒曰君危如朝露欲浼我耶未幾果敗成化初同

知常州廉明果斷
治行爲江左第一

張侃卤福之子舉人知肇昌府歲大祲發賑禱雨民不知

衛述景泰間鄉舉知山東武定州以才調莒州山東通
志云知武定州剛直清敏崇禮教斥異端風俗丕
變去後人思慕之莒州志云修廢墜毀淫祠興學校勵
風俗廉明剛果人不敢干以私居官十年代去民咸思
慕之

王琰歲貢與化經歷賦
性淳厚蒞政公廉張清歲貢費縣縣丞學
行優長政績頗著

陳曜天順壬午舉人授順天府訓導歷陞韓府長史輔
導有方

楊諶從學薛文清以真知力行爲本洛陽閻禹錫見而
奇之曰薛門有人矣

劉淮賦性剛直淑身以敬克全孝弟鄉里有君子之稱

馮祥字文貞性剛直輕財重義酷不喜佛老冠婚喪祭一遵文公家禮鄉人效之河汾薛文清贈以詩曰忽從囂雜見真淳誰道今人不古人四禮每從朱氏教一門常挾孟家鄰春庭時雨年年潤蘭砌光風日日新青簡會須書行義高名直與董生親此可知其人矣

張逵成化甲午舉人陳留知縣挺持大體擊強悍舉廢弛豪猾易嚮陞之日合縣建祠轉光州政聲益著

張驥成化中任永壽縣丞催科有方守已無私陞洋縣知縣

薛璟乾州學正學範最嚴士咸敬憚

薛鎰成化癸卯舉人授范縣知縣爲政有方百姓便之陞知泰州范民爲立祠祀之

謝豸工文藻饒治才由舉人守寧羌民爲搆祠西平巨寇東冶河央宸濠之亂從容安輯武宗兩賜璽書

張紹祖舉人歷任兗州府同知介操不受請托歸里橐裝蕭然

謝麟字應文號山泉成化間以材薦授鄞城丞性剛果不能俛仰于世尋棄官歸隱於州東清渠構桂莊書屋以耕讀自娛終身不入城市著有四遊集蟻穴集呂涇野賡和集

郭廷佐字良輔號潛菴少好學博通經籍尤躭吟詠郡守少洲馮公以詩贈之曰鶴髮蕭蕭倒角巾林宗雅望絶時倫我來空負溪山約不向僊舟訪隱淪

張廷輔字君相性敏異賦詩有柳子厚之風所著有西津集

王馨歲貢魯山教諭學優德純士林仰範楊燧歲貢中部教諭賦性篤實毫釐不苟

張凝弘治初寧遠訓導啓廸有方成就後學寧遠士子思慕之

鄭岳字汝華弘治癸丑進士授戶部主事轉員外郎疏論總督許進不宜代總兵趙日求可任事天下韙之陞湖廣僉事定施州亂辨盜鑄土官印信追獲縛責客民男婦百餘人皆異政爲十三道公薦陞江西按察

使連陞本省左右布政使會勘副使李夢陽御史江萬實訐奏爲宸濠所陷罷歸宸濠反敗嘉靖初陞右副都御史巡撫江西至則民擁道聚觀手額相慶奏賑恤受兵郡縣定次討逆軍功贈祀死事諸臣皆報可未三月陞大理寺卿上四疏皆切時政陞兵部侍郎大同兵變赦而復叛岳主議管軍官各舉其首惡誅之事可立定密令總兵桂勇誅首惡數人主兵者奪其功與大璫弟姪岳駁正之權幸側目媒孼其短以岳嘗議大禮奪俸岳乞休致歸歸十五年薦起者六竟格不大用云

景佐　進士知東安遷都察院經歷忤劉瑾下獄居官時執法公明吏莫敢犯官至叅政

秦昂　進士知東阿政績懋著民爲立祠巡按陝西遷副使雄才爲臺憲增重

薛介　進士知麻城湯陰廉介公平兩祀名宦入鄉賢

張臣　歲貢定州訓導不趨時焰浩然歸隱

周德蘭　歲貢貞陽訓導好學善文勤教作士

史魯　進士授鎮江府推官擢給事中大著建白祀鄉賢

郭震　進士歷河南僉事值流寇防禦保障頼人爲立生祠祀鄉賢

劉一中　進士澄城知縣廉而有幹以忤時罷歸

劉成德　進士工詩有方山集

楊守禮　號南澗進士少慷慨有大節所至輙有著績事不留宿人皆呼爲楊不解担以忤權貴屢召不起祀鄉賢

郭廷臣　舉人溧陽知縣居官廉介

姬鵬　舉人江寧知縣惠以及人廉以律巳

張邦教　進士歷陝西按察使清儉執法不撓

范玹　舉人通州知州政聲赫著

景溱　進士歷順天府丞秉公持法

楊瞻　字叔俊正德已卯舉人初知扶風擢御史疏請薛文清公從祀孔廟陞四川僉事分巡川北繕橋梁聯師儒訓子弟息盜賊謝政歸讀書談道賑窮周乏以子慱貴贈兵部尚書

張廷璽　舉人歷鄖陽通判剛正廉介

姒昂　正德已卯舉人三任知縣兩遷府判賢聲丕著有古循良風令韓城時吏胥多不檢昂至則約束如濕薪兩造聽訊隸人不敢索一錢廊吏終歲食數斗粟抱文案趨承而已上官遣隸人至韓則日給三飯飯之外不得竊趧隸人轉相告後遂絶跡于韓人以姒青天呼之

高欽　歲貢篤志好學尤善翰墨

張輅正德間兄鑑誤觸劉瑾將坐重辟輅以爲罪由已作請代兄死太守義之皆不坐牛伊耕妻妬娶三妾生五子皆溺殺之一日妾賀氏有娠伊耕向輅語泣下輅令伊耕佯激妻怒逐賀因以藏輅家生子取名張甦養二十年爲娶婦後妬婦亡始得歸于牛

劉溱正德中以貢授平京知縣愷悌作士惠和撫民居官居鄉清白一致子成德進士爲風力御史成德從子一正一中俱進士一正歷官陝西叅議剛果不阿一中授澄縣知縣學識精邃

史資治字昭甫給諫魯子補州學生幼頴悟及長誦五經博洽諸史

楊槐字公甫性端慤才明敏著洗心說天民論

李應澤號續峰生員恬靜醇雅博學能詩文日閉戶對古人懶與世俯仰

吳寅歲貢咸陽訓導士風丕變當事奬之

田棟歲貢靈臺知縣刑清政舉

杜緯 舉人知長垣縣有善政時肅宗南巡協濟爲諸郡首遷太僕寺寺丞

任彬 嘉靖壬午舉人授武強教諭陞平谷知縣守城禦寇有功陞知州轉兵備副使致仕平谷有生祠

王珂 進士中書舍人侍經筵見重館閣祀鄉賢

楊博 字維約贍子嘉靖已丑進士初授盩厔知縣調長安尋入兵部武庫司主事故相翟文懿鑾奉命犒邊請以博叅幕府時宣大卒悍驕博告文懿便宜宣撫之至肅州屬番數百人遮道要賞文懿無以應博請文懿召番人數以命使至不遠迎將縛以下屬吏番人叩頭再請乃釋不罪而稍賚首至者諸番感且畏不敢復來文懿入朝首薦之賜金幣轉職方郎中初從文懿起遼左迄甘肅萬餘里悉得山川險易士馬強弱怯勇民所欲惡大端及在職方懸度立斷悉中機宜時將討南安博請先以文告及乞降諸蠻許自新因上便宜六事悉從之自山東提學副使不四年超拜僉都御史巡撫甘肅築城堡作渠壩墾田三萬餘畝出塞百五十里詔

嘉獎晉右副都御史丁內艱西人遮道泣留服除即拜兵部侍郎經畧薊保二鎮庚戌之變定軍務繕堡堞身被甲冑督諸軍殺傷無筭馳賜緋豸衣出帑金二萬犒士防秋畢當還兵鵬曰宣大重鎮非博不可鄭曉曰博在宣大則宣大安在本兵則天下安入拜兵部尚書加太子少保黜陟將吏人不敢干以私丁外艱未幾召還本部方疏辭會台吉圍大同右衛急召往大同乃壘稜出關台吉聞之曰楊太師至矣解圍去因築塞墩濬長濠晉太子太保兼左副都御史未幾奉詔移鎮薊州畫地爲十區分將拒守三耀武于邊召還本兵加少保吏部缺廷臣首推上以難其代留疏一日又念非博不可改吏部上崩穆宗奉遺詔錄忠諫舉遺佚皆贊成之一時所稱善政多出博請後以論事忤旨謝病歸未幾召以冢宰行兵部事神宗嗣統召還吏部以一品四考晉少師兼太子太師仍廕一子賜賚甚厚癸酉分獻夕月壇疾暴作扶歸乞致仕不允又疏辭謂不忍言去之狀三不得不去之情三上乃許乘傳命子俊民俊卿侍行至蒲數月卒上聞震悼輟視朝一日賜祭塟贈太傅謚

襄毅所著有虞坡文集詩集雜集歷官奏議凡八十四卷

王承志　舉人彰明知縣居官清操八歲能文詩詞膾炙人口

張邦士　嘉靖辛卯舉人歷官山東右叅政賑荒蠲劵不可悉數

韓志仁　舉人歷工部郎中性質直有德政

陳經正　舉人蘭州知州美文詞

裴中　舉人東平知州有詩才善書

史資教　給諫魯之子舉人同州學正陞平陰知縣祀名宦後擢河南府同知值伊藩謀逆公客畫申擒

中土
以安

馮舜田　舉人臨洮府同知才優政著

孫璧進士歷官陜西行太僕卿清廉著稱

王輪嘉靖戊戌進士器宇沉重四任廵撫保釐之績著於疆埸行塞外爲輿夫足蹶墮水中衆懼顧笑曰非爾罪潤量類如此卒追叙邊績賜祭

王崇古號鑑川嘉靖辛丑進士授刑部主事歷郎中強斂有執嘗繩中貴人郭校中貴啣之欲中傷伺無所得又分宜搆貴溪獄具不爲署名出知安慶府丁外艱補汝寧大盜師尚詔起許戮其渠率會訊伊藩法其左右歸所侵民田伊憾之誣奏不能害也時以倭故設常鎮兵備副使首擢焉創海防條議躬擐甲冑徃來清江柘林間出海殲倭二百餘級以繼母憂歸補陜西鄜延兵備轉叅政陞按察使秦府校暴横長安苦之崇古語長史曰吾彈治此曹不難難者株連王耳王使人謝過而衆歛戢以河南右布政晋都御史廵撫寧夏嚴飭邊防修繕塞垣自花馬池至平魯衛聯絡備具約諸將令家丁與軍士同甘苦共功罪信賞必罰是以有清

水營之捷又引河水溉田創書院講學秩滿晉兵部右侍郎總督三邊軍務首陳四鎮便宜十事及延寧要務八事皆得請舉行旌旗壁壘皆爲丕變二歲中敵三薄城遣大將董一奎將趙奇將雷龍等擊走之仍命龍等出長城二百餘里擣其巢穴復遣兵狙伺破之于靖魯衛獻馘指以爲天神而遠遁焉會流賊郭重震鈔掠秦晉勢甚張遣兵平之進左都御史時大同數有邊患上命以原官移鎮宣大手疏六事皆報允敵以新至易之悉精騎攻五堡遣將分拒之遂遠遁及把漢內附封貢議定邊境既安益以修邊練兵積穀爲務凡四報工程墾田八十餘萬畝修邊至一千六百餘里崇古歷邊既久上念其勞召還協理京營營務振舉改刑部尚書數讞疑獄法都中宿猾之爲民害者適御史言事侵當事有旨論戍崇古持不可曰祖宗設言官罪不言不罪敢言此法不當戍忤旨切責既改兵部尚書一品再考上疏求去上不許三上彌懇許給驛以歸崇古敭歷中外四十餘年設施變化人莫能測前後所歷膺誥封者五勅獎勵者一賜御書正已率屬者一加俸者再中官就

第賜勞者再廕錦衣正千户者一國子生者五晉原廕正千户一階指揮僉事凡自金文綺麟蟒章服之賜不可勝紀隆恩異數于人臣僅見云里居十有二年卒壽七十四贈太保謚襄毅賜祭九壇遣官治塋廕一子入監所著有山堂彙稿歸與漫興稿及諸奏議若干卷行世

王永興　舉人臨城知縣博書史有經濟才

張廷栢　嘉靖甲辰進士歷官陝西叅政澹泊自持官箴不愧四知友于天植家產均給猶子祀鄉賢

師儒　舉人儀真知縣力抗權閹紳庶赴闕鳴寃特擢户部主事祀名宦鄉賢

祁天叙　舉人官至太僕寺卿老成練達肅持憲體

孫永思　進士御史巡視河南有聲著月岩詩集

傅希孟　舉人歷姚安府知府治行第一牧民有績秉憲馳聲

羅鳳翺　舉人國子博士擢御史歷都御史巡撫寧夏設防禦綏士民寧夏賴以安堵者十年

任賢　舉人歷南康府知府清惠有治聲

王崇雅　嘉靖己酉解元襄毅之兄仕司務終太僕嘉靖乙卯地震郡民合族死者十之三四上發帑金遣卿襄惠勘賑卿與雅父爲同年欲以丁絶地土贈潛然對曰蒲民無辜横罹慘傷崇雅天幸苟保首領忍取非己之物乎且此絶丁多寄淺土亦有骴骼不掩者曷若訪求婚友責令塟瘞卽以所有爲喪具公之仁庶及枯骨矣卿嘆服

劉汝登　舉人歷漢陽通判卿以德稱官以清著

張四維　號鳳磐嘉靖癸丑進士性極穎異髫時塾師授句讀一過終身不忘選庶吉士莊皇初重修永樂大典講經筵政柄國計宫壼宦寺人所難言者每三致意上爲竦聽歷禮部尚書入内閣上手書一德和衷

四字賜之詩除權璫馮保人謂大奸之去如距斯脫凡江陵柬濕盡與鼎革乃丁外艱歸上屈指禪終起用以訃報上盡傷輟朝諭祭十二壇遣官營兆贈太師謚文毅所著有條麓堂稿

馮舜漁進士歷官右副都御史巡撫延綏所至著績有文集入鄉賢

陳永直嘉靖乙卯舉人莊重醇謹歷高陽肥城知縣鳳陽判泗州知州戶部郎中常德知府肥城繕城葺學宮鳳陽駐潁水上會有盜蒐其魁寘之法盜自是息泗州築堤息患護陵寢泗人呼爲陳公堤計部錢穀出納詳愼一切倚辦常德剔蠹奸弊布惠宣德所在皆尸祝之致政歸

楊俊民字伯章博長子嘉靖壬戌進士授戶部主事陞河南督學敦厲風教刻二程全書置學田祀鄉賢忠義節烈者轉叅政用法寬平獨嚴豪右時新鄭當國其兄中丞有司請祀于鄉弗許用是忤新鄭巡撫鄖陽山東鳳陽陞戶部尚書總督倉廠時寧夏告急徵餉不已百方補苴不至匱乏神宗嘗曰戶部安可一日無

楊尚書卒贈少保賜祭葬如例

洪忻 進士歷官陝西按察副使少慷慨負氣節居官有迎刃輒解之才

王承休 舉人歷官山東副使清德宏才行誼詳韓爌誌銘

韓楫 嘉靖乙丑進士由庶吉士授刑科給事中穆廟登極上君道三劄元輔徐稱爲中興第一疏舉文清公從祀累陞通政子爌

楊相 進士歷官湖廣參政巡方伸激揚之典參藩畫保釐之職

景芊 溱之子幼警敏篤至性

張紀 歲貢武功訓導教人多有所就　張悖 歲貢咸陽教諭性不阿諛

魏希古 歲貢藍田訓導質直信古　范槐 歲貢新泰知縣勸農薄賦除弊辦冤

馮紹歲貢鳳陽訓導教勤心恕多有成材蔣鈺歲貢涇州訓導仁厚善文

馮懋仁解元授偃師知縣清慎居官仁惠治民祀名宦鄉賢

魏鵠歲貢閿鄉縣教諭醇正孝弟多士被化祀名宦鄉賢

賈宗仁字體元號春江德性恬澹初授例卽棄職歸鍵扉簡出讀史傳評隲出人意表卒年百歲以子芳贈户部郎中祀鄉賢

王承統舉人盧氏知縣調繁襄城道不拾遺學博古今文擬秦漢至于談道論性步文清月川之武舉祀鄉賢兩邑咸入名宦官至安慶同知

王謙太保襄毅公孫進士歷御史太僕寺少卿初爲工曹榷税杭州毫不染指適撫臣失馭兵譁當事驚匿公挺身諭解借榷金代餉兵始定杭人祠之入鄉賢

張泰徵太師文毅公子經元進士歷官陝西按察使著
美聲有陽紓山房文集

楊俊臣襄毅公之子舉人歷官雲南叅政定烏騰胥之
亂入鄉賢

張甲徵太師文毅公子亞元進士歷官工部郎中文彩
高華年友馮家于杭遺子一鴻公出五百金償
其債延師教之後
舉于鄉人高其義

楊元祥太師襄毅公之孫進士歷官翰林院侍讀春坊
諭德幼稱神童弱冠傳臚才名馳于翰苑

劉漢書舉人延安同知淳德懿行文詞足傳

張時修進士歷官真定府同知登州府知府以廉能稱

郭三仁舉人葭州知州多善政

孫梯舉人歷陝西僉事剛方守正

荀汝安嘉靖乙酉舉人歷官四川按察司僉事呂涇野贊曰在中州爲良有司在南臺爲真御史在西蜀爲名僉憲

張名坤舉人歷官都勻知府屈鄉名節自持仕宦清操無玷

馬洙進士授吏部郎中掌銓政十年清正無私

韓爌字象雲䄇子萬歷壬辰進士由庶吉士歷官禮部侍郎泰昌元年八月陞禮部尚書兼東閣大學士仝何宗賢劉一燝入閣辦事天啓四年四月乞歸未幾削籍崇禎元年以原官起用三年正月乞歸頌天臚筆云爌孤介鯁直清修無欲天啓中拜東閣大學士秉政嫉惡嘗面斥匪人時羣邪附會爲挺擊三案誣以黨護言官與宗伯孫慎行冢宰周嘉謨同有鑴秩之命即因當事疏救得奉温旨念輔弼大臣始免罪爌覩朝政大壞逆璫權勢日益熾羽翼日繁内外蒙蔽傳奉自由一時公忠大臣被讒廢黜誓以去就爭之竟得放還單騎

出都門惟二三蒼頭以琴書敝笥相隨家居蔬食布衣蕭踈若寒士居心如水與世相忘無復春明之夢矣崇禎初臺省交薦帝亦稔知其賢遣官迎召以原官起用帝頗信任文華殿平臺召對時有開陳巳巳疆事日棘因有詆纊誹短致冤者庚午正月屢疏乞歸賜金幣遣行人護送馳驛歸繆昌期曰蒲州之好賢護善自其天性其作用誠遠遜他人乃斷斷無技休休有容古稱一个臣蒲州近之矣

韓煥通政揖之子例貢歷淮安同知孝以事親慈以育幼斂以居官

韓烶恩貢象州知州淹通子史立社課士一時成名者頗衆

郅述中萬曆辛卯舉人麟遊知縣平生清介自矢一事病民如身受其痛邑故苦疲述中徐爲料理不以督責矜張一鷄一黍無敢擾民月三課士捐俸以供屢廢屢起秦晉皆著氷蘗聲

張煇字緑汀性凝重不妄訾笑弱冠爲諸生品望已高州人士從者如雲教人以窮理主敬爲上達之階

嘗云不檢點心性徒工詞翰無益也萬曆辛卯舉于鄉六上春官不第就華陰教諭至則著四知會約與諸生相砥礪聘主正學書院時馮從吾以御史家居極爲嘆服秩滿陞助教出爲鄖陽同知攝知府及竹山縣篆撫慰流移申明教化去之日攀轅哭留者百里不絶抵里則荆門岑寂蕭然一布素也曹于汴銘其墓曰厥履無咎厥衷綦真又曰初工文藝維研聖道當陽明大熾之日能遵守文清之學不失其宗平居教人皆切實簡要不傍時賢門戶可謂粹然大儒矣著有去浮集四禮約邑人稱爲理學張先生

洪崇禮　更名世脩進士戶部主事歷官按察副使才思出衆書法尤精

孟時芳　字斯盛萬曆戊戌進士選庶吉士丁未分較禮闈得人最盛擢司業光廟在東宮不親講席熹廟年長尚未出閣時芳奏累云詩書之益疎則逸豫之樊滋儒彥之資少則近習之染多有御史窘辱監生奏言祖宗重賢不宜挫折以傷太學

王之采 襄毅之孫進士歷官副都御史兵部尚書祀鄉賢

沈懋 衘氏學中式永清知縣廣覽能文

楊世增 進士歷監察御史理繁治劇峻節清操

孟希孔 進士扶風知縣文章翰墨一時艷稱

馮勞謙 進士爲郡不屈權閹備兵能保蜀省歷湖廣忝議治功稱最

張庭 進士歷户部郎中少負氣節文思精邃神宗朝東宫有張差之變臺省無敢言者以户曹抗疏首入聲振朝野贈光祿寺少卿

郭之琮 進士歷僉都御史廵撫宣府才優敏幹修復古蹟桑梓推重

張廣 進士歷官禮部右侍郎兼翰林院侍讀學士氣度容與翰藻温雅

王槐秀進士歷邑令御史至陝西叅議惠愛清介多善政

張其實進士歷南京通政司叅議爲人豪放不羈文章獨出心裁

王公弼進士歷戶部左侍郎歷中外所至有聲

張鞾進士歷陝西按察司副使淹通經史詩詞高華

楊世芳號豫園傅曾孫都督俊卿孫翰林元祥子萬曆巳未進士累陞詹事府少詹兼學士聰敏過人十行俱下揮筆千言立就琴書皆臻其妙居官居鄉動必循禮進止有古大臣風魏忠賢時請告歸忠賢忌之遂削奪忠賢誅以原官起用風節益著乙丑分校取華其芳等辛未分校取張溥等皆名士未幾旋里卒于家大用未竟中外咸痛惜之

楊進進士歷僉都御史巡撫保定平和清愼萬民蒙惠

王宗簡　歲貢彰德府教授博學善書　盧儒　歲貢歷辰州通判居鄉師道尊嚴

楊景震　歲貢交河知縣氣度軒昂治理優長　賈芳　歲貢南京戶部郎中歷官有治聲

賈養醇　例貢授蠡縣知縣學富才贍德立行修爲時推重

李瓚　例監授陝西按察司檢校煮粥救荒賢能頗著

李紹芳　更名紹賢進士歷戶部右侍郎兼學士能文章

樊邦正　舉人歷德安知府清愼愷悌闔郡愛戴流寇薄城竭力守禦殺賊頗多

尚衍　舉人歷湖廣僉事才堪武備歷有治聲

孟元芳　歲貢棲霞縣訓導博學善古文　武學易　歲貢輝縣教諭善書篆隸

武連元　恩貢禮縣知縣舉業精深書擅鍾王

景薇範舉人授禹州知州慷慨尚義友誼最篤

景淑範特授莒州知州才思清爽慷慨殉城

雷一鳳進士歷永平知府醇厚守正吏畏民懷

趙世隆字允升少失母事繼母以孝聞得力於邵子皇極經世書每鍵户端坐經月不出凡數十年如一日所著有致知集要易化新集

孟述唐舉人原武知縣博學善文詞

劉世俊進士歷紹興府知府質朴節儉以實政著

韓承宣字長卿一字康侯進士淄川令調繁歷城戊寅秋東兵入邊櫢薄濟南城下值己卯元旦泒涕拜牌曰臣承宣守禦之力竭矣計惟一死無二時分汛南城督兵對陣若金湯竟以西北一隅失守身中數箭

手猶仗利刃不屈膝不失印不離汛地首被重傷而死城垂陷時有役勸其易服而遁大聲曰我爲天子守土吏誓當與城存亡豈復易衣偷活耶臂綰縣印得識其屍事聞謚忠烈贈光祿寺少卿建祠歷城入鄉賢

韓印勳字振廷嗣父職爲副千戶時太平草寇竊發勳赴戰奮不顧身歃血誓士期必死賊且移營追及獨率所部馘賊殿後者三賊衆環集蜂擁同事者遁歸部下亦盡相失下馬挺立射賊矢盡擲弓被創而死部使者聞於朝贈指揮同知

韓垍舉人歷廣平知府多材藝屈官以敏著

楊蕙芳進士授兵部主事甲申值闖變僞官以極刑廹仕不從

王洪脩舉人授崇安知縣清稟氷霜卒之日子孫不免貧乏所著南遊詩草

王瑞會副東昌府推官補河間開荒除累緝冦安民屬吏餽千金弗受

聶介　進士歷大理寺丞治襄陽有政蹟祀名宦

薛柱　舉人授南昌通判時金王倡亂當時多受偽官者獨抗節不屈譚將軍表其忠擢九江僉事

賈榮　拔貢教習授湖廣都司經歷清操著聞

史選　例監歷葭州知州興利除弊與民休息

魏秀　例貢授山陽縣知縣治邑稱賢褆躬無愧入鄉賢

王濵　例監授長垣主簿沉毅倜儻捍禦有方

韓埴　字宜生號玉暉官生閣學熥子博涉羣書精工文辭平生以詩酒自適懶於進仕雖值鼎盛而甘心澹泊毫無翩翩公子態有玉暉樂府一卷

李廷載　例監山陽主簿居官勤慎　王文登　例監授光祿署正仗義濟衆

展自重 例監歷光祿寺正卿管鴻臚寺卿事通曉典禮輸資濟國

相希尹 己未武進士歷官甘肅副總兵與賊戰多立奇功賊恨之順治元年正月賊陷蒲州被執瞋目大罵鬚髯盡張賊大怒欲殺之益罵不絕口將行刑者公舊卒也泣曰吾負公恩奈何曰吾爲國死夫復何憾但吾鬚不可使血污也遂以口啣其鬚引頸就刃而死時知府樊邦正參將張夢鯉皆抗節不屈死州人謂之三忠云

溫錫 性至孝母喪廬墓側有司疏其事旌爲孝子充成化十一年貢 以下孝義

石景先 父亡甫八歲母鄭氏孀居四十年偶病禱以身代誓終身不茹葷病果愈母卒廬墓三年

王天民 父朝商于井陘逆歸之未幾父歿號泣擗踊既塟廬于墓側以哀毀太過卒

孟瑆 字大理同知琳弟父浩家訓素嚴瑆虛心祗承居常誦讀必質於兄求窺聖賢之旨鄉人奉其行誼

以爲矩矱子孫顯
聞人稱積善之慶
王輔家豐財凡族戚之乏者輙周之歲三饑三煮粥以
賑所活甚衆
趙亨性純雅事親以　尚鶴素豐財出粟備賑修
孝治家以儉　寶王峰修河東驛館
魏璣幼失怙事母至孝賈四方遇良味必致奉母客三
原忽思母即馳還母疾籲天祈以身代病果愈人
謂孝
感
劉忠甫學生性仁孝貧而好學
趙釗字汝賢母劉病告天祈以身代病果愈憂兄痴弟
瞽養生得所預置棺殮同于已且輕財樂義郡有
古人
之稱
王崗伏義踈財凶歲儉用周貧族里婚喪傾囊資助

孫鎮居杭有婦失金將投江問得其故濟之金歷凉時疫買藥療治里人李伸死不能塟爲具棺殮

楊九齡幼孤純厚仁孝守棺號泣竭力營葬鄉人稱之

洪尚仁父蚤世母段守節六十年仁色養惟勤兄四遺姪五仁撫養完娶給財分產鄉里高其義

王佐號老實性孝友輕財重義

朱廷珪　劉東旭　俱親喪廬墓

張昌世生員大竹知縣昌會弟甲申闖逆比餉最爲慘酷世隨兄入見求以身代賊怒施以極刑毫不

介意

王榮事親以孝貧死無棺者爲助塟兄弟欲析居者爲勸止呂太史表其墓

王三鑑商天津王世法亦蒲人將之海濵携金百兩寄三鑑所世法暴卒三鑑亦他往世法子輓喪以

為父無所遺也後二年三鑑歸里其子窘甚三鑑以寄
金付之封識宛然
王旦字得元孝友純篤慷慨仗義繼母逼之出居無憾
心仍厚撫其弟輓艘者溺水盡失漕糧卽出數百
金為易粟衆得逭罪又
嘗出八百金修郡城
陳江父卒于外負櫬歸葬事母尤謹又能敬兄撫姪始
終無間在池陽被火客有以金來寄者火熄客忘
其人尋訪
而還之
韓瓚客三原宿郝士良家拾張廷器遺金二十兩訪還
之處楊州賈人張福為債家窘甚慨然代償又焚
里人何得温券八百餘兩洪洞趙義託以妻子撫卹始
終無斁
李鴻舉仁厚方正甫周歲父故事母誠孝及母亡喪葬
如禮讓資産殯兄嫂撫孤姪表姪丁姓負人債
則出四百
金代償之

王寵爲韓守僕人事韓有年家頗殷一妻一妾俱有貞順之德甲申正月流賊渡河太守死其恭人亦縊死寵視殮畢謂妻楊氏妾薛氏曰吾儕雖人僕明民也豈臣妾賊乎爲今計惟有一死恐遲不得爲明朝鬼妻妾皆然之遂于中堂設几筵列盃箸懸三環製三木主一題明小民王寵之位一題明小民王寵妻楊氏之位一題明小民王寵妾薛氏之位位置訖備酒餚酬勸至半夜視妻妾次第縊死乃投繯死之

國朝左成名 貢士任湖廣岳州府經歷順治十一年署慈利縣事土寇陷城逼降曰汝降吾富貴爾不但令茲邑也否則殺成名曰吾職雖微亦朝廷所使守此土而從汝賊上負君恩下負吾志辱莫大焉何用富貴爲罵賊不輟賊怒殺之事聞贈慈利縣知縣賜祭優卹

張聖謨 恩貢考授縣丞事父張介最孝

孟綰祚 尚書時芳子進士授扶風知縣德性醇雅士民悅服

賈道醇太谷教諭順治乙丑署縣事殉城
贈國子監助教祀太原忠烈廟

杜篤祜舉人歷官左都御史雅度和風清規自守致仕
優游林泉絶口不及朝政書法遒勁自成一家

張贊文毅公四維孫戸部郎中甲徵子以祖廕世襲錦
衣百戸陞正千戸多學能詩文其父妾朱生子巽
恪順父意待之甚厚父殁朱出千金佐喪讓弗受人服
其孝

馮皐疆進士歷漢中府同知不附吳逆

張含瑾由進士投江西建昌府推官缺裁補宜興知縣
刑清政著人民感思崇祀盱江書院

賈濬進士歷兵部主事運輸軍需急公倡先入鍾祥名
宦

楊遷字伯史舉人父殁哀毁骨立赴公車時有開府厚
幣請爲子師辭曰財之重能重於親乎舌耕供養
委曲以順母心初投汾陽教諭陞潞安教授年八十有
三卒于官殁之日衣冠端坐語子曰吾胸中灑灑適適

然無芥蔕人生世上孝甚重也
遂瞑而逝人共呼爲楊孝子

吳雯字天章學正允升子幼孤事母朱至孝嗜書如飲食雖由諸生薦明經薄帖括自六經三史先秦兩漢下逮唐宋元明之書無弗讀皆鈎貫其旨趣更嗜詩僑居中條山南永樂鎮永樂李義山讀書處也年二十以貧遊京師無有知其詩者一日新城大司寇王士禛見其詩云泉遶漢祠外雪明秦樹根至今堯峰上猶上堯時日大異之曰此仙才李太白蘇子瞻後無此奇句遂訪之一見如平昔歡由是知名戊午舉博學宏祠雯在薦中是時海内名士集闕下爭犍走競進雯獨蕭然閉戶司寇以是益重之臨朐馮相國聞其名走扇索詩雯書大字二絶句答之其生平坦率如是足跡半天下晚年詩益工喜交游人故多就之築圃鄭谷之口老益貧晨炊不繼怡然也所著有蓮洋集卒年六十有一二子早卒一孫逢原弟霞撫之王司寇爲撰墓誌

王易進士任高安知縣著有心聲偶句詩集

張繼善 進士任靈寳知縣家居常以文章啓廸後學所著有乞慶堂四書語錄

李斗星 字柄北庠生事父母孝教授生徒以供甘脆父母歿皆廬墓三年建坊旌表 以下孝義

周起鳳 常爲傭以養其母康熙三十一年大荒負母就粥場食旦行乞供母每不遑自顧遂餓死而母得少延旦夕

張莪穩 十三而孤事母至孝母得癱症不能自移莪穩赤貧無婦爲人短作路稍遠即不敢往盖欲頻顧其母也始終無間二十年如一日

楊選　劉榮 以上還金　張四膺 以上輸穀賑饑

臨晉縣

明陳栄祖舉人歷富平雒南商南濟源四縣知縣性嚴正不畏彊禦在濟源時爲權宦所搆幾危卒以治行得免栄祖之官日騎一黑驢去比免官復騎黑驢歸故世稱黑驢陳家

王光宇字德潜母夢白虎入室而生及長聲雄貌偉由進士授溥興知縣考最歷陞戶部郎中督理甘肅糧儲駐劄蘭州時冦突入蘭境守將皆恐乃密召千夫長授計曰臨場會安二堡東西屹立若引兵伏此以擊其懈賊必驚潰又語二指揮曰賊潰必由狼山地險而隘若於高阜擂鼓發砲以張吾軍可獲輜重賊至悉如筭斬首二百級撫使者奏聞上大悅特賜金帛奬勵居二年威名益著有奸民馬希真者爭家財謀致弟死殺妾以圖掩抵御史王本固欲賄脫抗言曰使生者可恕即死者何辜卒寘如法本固銜之遂以他事誣劾另調或謂宜以前却理辯曰公伯寮其如命何竟歸里號雲溪子優游十年而卒

衛鈿字伯容舉人授新城知縣陞昌平知州時陶嚴嫡
壽昌平客邇京畿鈿執法不避權貴遂爲所陷

衛鈞字華峯舉人敦厚周愼喜怒不形鄉薦十餘年服
食無異寒素授任縣知縣心切愛民尋以撫循勞
瘁卒於官吏民哭吊如私親歸櫬趨送至越境猶有望
塵噎涙者入名宦祀鄉賢

衛鏻字雲峯舉人與鈿鈞爲昆弟人稱衛氏三鳳初任
扶風知縣有惠政未幾以憂歸繼任肥鄉地雜斥
鹵多抛荒乃招撫流移復業者衆百姓感悦爲立德政
碑然不合於權勢拂衣而歸

荆州士字至元進士初授臨朐令濱海之區土瘠賦逋
値歲歉民多流亡乃捐俸置官莊具牛種流亡
者漸集擢御史時張居正歿後朝士更易殆盡言者氣
銳不少休州士慨然曰茂陵徐福且笑人矣益王言讜
論一時引以爲重按蘇松復按順天拜大理丞轉少卿
以僉都御史巡撫河南旣受命卽疏請寬逋賦招流亡
按部至汜水縣疾作時朝廷遣内官於河南開礦州士
聞之太息曰無故鑄山是示人以國匱之形也且瘠痍

未起流離未復而開利藪以教之爭設一夫發難禍且不測乃伏枕具疏藁未及上而卒

姚維新字師文舉人廣宗知縣地瘠民貧城南有曠廢地曰潘城窪久爲石田乃捐金立莊召貧民自占給牛種服廬舍不數年變爲沃壤居人號其莊曰姚官莊擢深州知州城偪滹沱波濤衝激嚙城址乃增築護城隄民歌其功秩滿當遷以拂部使者意遂投牒歸廣宗深州祀名宦本縣祀鄉賢

荆養喬字本舒年二十捷進士第尚書楊博一見奇之引示同官曰此吾鄉奇士也初授行人司行人册封肅藩饋遺悉不受尋擢御史出按江南宣城勢家梅振祚窺人妻美強奪之匿不使出夫訴之郡郡受賄反坐殺其夫諸生芮永縉等舉其事振祚賂學使熊廷弼並殺永縉諸生無敢言者養喬按寧國立發其奸振祚益遍賄當道托廷弼遺札云貽人之禍即以自貽其福養喬覽之愈怒實振祚於理發疏並劾廷弼辭連請託者一十七人廷弼亦具疏自辯時首揆葉向高力主門戶事下都察院行勘養喬憤怒遂棄官歸都御史孫

疏劾其擅去非法兵科姜性吴亮嗣上言判熊二御史
方行勘而都御史左袒旁撓何稱總憲時門戶方熾動
倚東林以爲根本養喬剛正無黨而附東林者引以爲
重非其意也旣去官猶具疏上叅熊廷弼殺人媢人侵
及輔臣葉向高時科臣麻僖陳伯友亦疏叅廷弼有殺
士難語風裁等語南畿學校生徒無不德養喬而恨廷
弼者廷弼由是敗然養喬卒以羣小見榅不復意仕進
矣當時宵人皆矢爲癡御史居家閉關却埽欣然以古
人與處毎讀史至賢奸混淆用舍倒置之際輙拍案大
呌切齒怒駡感奮愈深無論當途要津不通聞問卽親
友家人亦罕覯其面其孤介絶傳如此崇禎甲申逆闖
東渡以勒餉交轢士大夫有僞吏政府按紳籍見養喬
名曰此世所謂不愛錢判御
史者亟捨去子爾植進士

李棲鳳字猕玄初赴省試道由曲沃西莊鎮有老父夜
夢一虎蹲其門侵晨啓戶見棲鳳愬其處異之
延至家具賔主禮因言此地爲鹽法所累公卽得志其
拯此一方人幸甚棲鳳感其言後由進士歷樞曹力白

當事除其害西莊人德之起家三原令有異政擢兵部主事歷員外郎中萬曆丙辰西邊告警朝議借才越次轉神木道居二年甃城堡墩烽百二十座西夷十萬衆大舉南下以壁堅野清不能爲患冬春揭鵬斬馘五百餘級套長吉囊輸款抗華八年舊賞計省朝廷緡錢三十萬爲修隙者忌其功不以上聞再補懷隆副使先是款夷朝兎第三子毛乞炭者以屢邀增賞未允懷忿背盟竊犯邊口棲鳳蒞任大張軍威乞炭悔罪赴邊願盟誓歃血邊烽頓以寧謐後楚撫缺上念成勞特旨授提督湖廣軍務時魏璫分遣要人催造生祠所在承風棲鳳毅然抗阻曰不敢以罔上行私得罪天下後世也忠賢御之會棲鳳以憂去未幾魏亦敗崇禎辛巳奉旨特簡以兵部右侍郎鎮昌平軍屢辭不獲力疾赴任卒於途子世憲甲辰進士

李棲鵬少司馬棲鳳之弟生而沉默寡言郇陽馬瀛海者負相術一見嗟異曰法應貴而且壽少爲諸生讀書河東書院主盟文壇數奇屢躓棘闈崇禎癸酉以明經對大庭擢居上等謁選除井陘令井陘山城西

控固關東陬土門爲神京巖邑棲鵬嚴修練設備侔棲鵬爲政尚嚴或少之曰吾以捄世也且井邑土瘠民貧輕犯法椎埋胠篋實繁有徒吾不納之虎穴幸矣邑有強紳數以非義關說拂其意輒有後言棲鵬繩之以法強者繫頸請罪棲鵬復改容禮之曰律設大法禮順人情強者愧服而去在任四年吏部考最議行取已奉俞旨而同鄉居要地者嫌其偪已力爲排笮量移慶陽府同知家人皆色沮而棲鵬自若也子世顯壬午舉人

王鼎新 字離九由進士初授邢臺縣令調繁清苑歷任兵部武選司主事崇禎戊辰歸里伏處林下者十餘年庚辰朝議以在家諸臣不赴選調者受罰不得已出諭判淮南嘗奉委撤鹽儀真舊例商人有輸罪錢計可數萬吏以關自鼎新曰非其有而取之盜也吾當首破此例乃即刻放封羣商皆以手加額歡聲若雷進戶部主事屬中原擾攘上方銳意用人鼎新負奇氣好談兵當事者遂疏題請備兵津門水陸交馳食少事煩體用漸劇比伏枕撫軍馮元颺親詣候視猶瞠目以兵機餉務爲汲汲頃之遂逝元颺爲抱尸大哭尋以勞績

請于上蒙恩優恤子
作礪作賓俱貢士

樊文煥字含臺舉人授商南縣知縣值流寇蹂躪居民
無幾乃調素練鄉兵四百餘人爲守禦計賊騎
突至薄城民皆持頑石擊賊賊多破顱死者賊急不能
下乃東走入豫文煥日夜坐卧城上衣絮盡生蟣蝨勞
頓成疾休
致還里

姚昌籙字宇藉進士授行人尋陞吏部稽勳主事調考
功陞員外攝文選事有同年友攜金嘗州守昌
籙拒之調南兵部武選郎中戊寅調吏部稽勳郎中陞
淮陽海防兵備副使

姚昌祚字乃籍天啓丁卯舉人有勇力曉鎗法屢上春
官不第崇禎丁丑謁選新野令庚辰調泌陽時
張獻忠攻掠鄖襄南汝間所向無堅城左良玉次南陽
敗之於西山獻忠走合羅汝才兵攻下信陽獲左軍旗
幟令其下假之以趨泌陽一夜馳二百里四更欵城門
昌祚素設備猝不意賊至持弓巷戰手鏃十餘人當之

輙倒身亦被重傷而仆舁至北城上獻忠逼之降昌祚
瞋目大駡遂膏賊刃子在紳姪在鈞亦從死御史奏聞
贈河南按察司僉
事賜祭葬廕一子
荆爾植字砥瀾進士滕縣知縣值妖賊徐鴻儒屠城之
主事先是巡道朱大典與爾植不協滕有劇賊張鳳翼
者大典旗牌官也憑依城社剽刦鄉里爾植捉捕懲治
械送大典前大典恚甚抑而未發至是驟躐東撫乃修
前郄摭舊令已事誣劾遂坐落職
荆祚永字抱一州士孫成喬子與從弟爾植同捷崇禎
酉以守城功欽取授禮科給事中時上諭尚書謝陞令
諸臣各舉堪任中書督撫一人以備簡用奄黨唐世濟
夤緣起用祚永上言濟變者必需才衡才者先核品未
有名行已虧節操全墮輿論所不齒斧鉞所不加如逆
案諸人尚能爲國家緩急之用者上善其言而止陞
刑科右給事提督京營兵馬事巡視京城內外時東兵

入晉地鎮將皆嬰城自免祚永發憤䟽參謂敵自廻思堡入口由平遠而朔州而陽方以至忻代之間處處蹂躪復由茹越口循故道以去乃巾幗環視卒無有决一戰斬一級以挫其兇鋒始實開門以延之入繼復尾逐以縱之去王朴尤弘勲二鎮將何辭以謝我皇上又何辭以謝晉中之文武將吏父老子弟矣疏上邊帥聞者皆失色已卯丁母憂起補吏科右署都印管大計考察尋陞戶科都給事中以疾卒于官子爲楫中書舍人

韓啓泰字振熙由進士初授行人丙子主貴州鄉試已卯校士比闈累陞刑部湖廣司主事五載清署不以家累自隨且生而清癯雅甘淡泊尋以親老請告歸里

王銘正直有信義持是非鄉人服焉而尤讀書好古

賈蘭輕財重義有偷兒夜入其家蘭得之曰不足何不告我乃若此竟以所偷予之遣歸以下孝義

王光宙生員存心利物凡遇人不給者多方周濟不吝所有萬曆戊子民多瘟疾廣設藥劑施於市廛

賴以全活者甚衆

李源發　幼孤事母王孝撫弱弟授室拓産俾能成立鄉人咸高其行祀鄉賢

李源澄　幼孤母孀居奉養盡孝撫弱弟卒使成立

李世振　字起之棲鳳子授光祿寺署丞逆闖渡河刑逼搢紳世振火炙鐵烙皮焦肉爛或諷以兄弟多人何獨自苦世振泣誓曰吾一身已登鬼籙乃復連及諸弟耶時壯其義

王本厚　邑庠生孝親睦族好義樂施崇禎庚辰大荒傾家賑濟子生員颺第恪遵家訓鄉里推重

胡潭　母歿廬墓弟沚亦以孝聞

國朝呂雲藻　字蔚馥進士授章丘知縣甲申鼎革擢禮部主事乙酉主河南鄉試力挽横流刻剔軋茁是科文體之正中州爲第一陞員外歷郎中提督陜西學政毅然以扶衰起弊崇雅黜浮爲已任雅善書畫公

餘輒寫松竹山水以寄曠懷蓄筆墨法帖甚富祀鄉賢

李世悳字聞衣棲鳳子中順治戊子鄉試康熙甲辰成進士授泌陽縣令七年遷安吉州知州吳興俗才而劇吏不踰年輒獲譴去州縣爭賄上官希固位會上官耿世悳有良馬求之不與銜之尋落職世悳雅負門胄不屑事家人產業獨好圖籍聚書至數萬卷其在郭南書賈以舟至者前後相望筭月俸以償之不能給罷官里居益窘憊債家持券盈門而百城坐擁意自得也舊愛蒲坂李印渚太史山園惜其易主以千金贖之更名鄉園有詩文十卷署曰鄉園集

謝敦懿字甒嶶生有神童之目十歲能爲文十五捷戊子鄉試二十二成進士授玉山知縣時喪亂之餘民多流亡境内有懷玉山山中居人負其險固賦役不入下車之後直抵巢穴擒數人餘衆悉附以父憂歸補臨湘縣值賊孽盤踞竹房西山大兵十餘萬往勦一切軍需皆取辦近邑限三日起程敦懿拮据應給當時

稱爲才吏方軍需之殷也各邑百姓洶洶欲變敦懿登陴大言曰汝等冐寒暑輓芻粟辛苦數年今賊勢窮蹙指日授首而欲棄前功耶衆皆泣謝賊平後部議用奬勞臣擬陞吏部主事疏未上而卒官槖蕭然不能歸葬湘民憐之爲醵金以助其行

王恭先字孝伯順治辛卯解元己亥進士授河間府推官改授崇明知縣蕩滌煩苛崇學校興教化士民翕然向風時海禁方嚴片板下洋者論死乃陳民十苦請于上許徒步採藥材竹木之屬又通河諸港有河田數百頃歷年妄增苗糧三百三十餘石悉減歸原額崇民感入肌骨七年以詿誤鐫秩及去執香遮留者道不能容歸裝載書數百卷棐齊列架倘徉諷咏自號慕適老人詩效蘓陸爲古文簡而有法著有慕適軒文集牧翁詩鈔注居鄉忠誠樂易口無譎語有益鄉里之事不惜千金爲之

謝陳常字文洽進士選庶常授編修居父母喪力矯陋俗歸于古禮里人化之家蓄墳籍及古碑帖嘗

作序銘傳記倣鍾王筆法得心應手老而不倦長安紳
語禁不挂齒又自號迂公

荆爲權州主之曾孫明末父早亡事寡母備極色養母
好施財周急濟貧百計以悅其心故人咸稱曰
活佛　以下孝義

胡温事親養蓬竭力

劉焕貧不能娶躬自炊爨以養孀母母雙目失明焕每
出必告所適返亦如之其返也雖風雨晦冥不失
期母老病焕必負之而行至中裙厠牏身自浣滌如是
二十餘年

韓啓芳家貧不能養母乃鬻子以供膳母没不與妻同
寢者十年

劉養德事母以孝聞值歲祲負母逃荒河南遇賊殺之
刀揮而折其母曰吾子素至孝賊相顧錯愕曰
殺孝子不仁也反
贈以多金而去

王自省事孀母以孝聞

樊九敖刲股　謝廷輔還金

榮河縣

明蔡瑄洪武年歲貢累官通政使劾正乖謬百司肅然以養病還卒于家訃聞御製文以祭并賜賻鏹復其家三年祀鄉賢

薛侃性貞介幼聰敏從事刀筆法律精明除河内縣尉清苦絶倫幹理之才遊刃有餘上下咸服其才超陞知曹縣大著政績恩不病威滕糧移曹重累不堪力申請滑開曹民懽呼稱慶歷宦途二十餘年常俸之外一毫不取同事者雅敬之無愧古循良祠鄉賢

李棟歲貢偃師縣主簿至性醇篤官雖卑而直道自任不合於時即辭官長往曰古人不爲五斗折腰予豈肯以微祿屈志回家静養覃思著述以理學真儒祀鄉賢

王珂肆力問學爲文深沉貧甚不事生殖雖竟日乏食亦恬不爲意所得廪祿悉濟族之貧乏者

周有光字賓剛由進士授戶部主事管通州草場草年久浥爛往往勒商抵補悉爲之請豁晉陜西僉事督理寧夏兵餉侵盜冐支者俱繩如法後晉叅議分守西夏烽火不燃耕賈晏如致政歸槖無贏貲時上臺檄均縣徭紳議加丁民議加地獨曰寧加地勿以多丁累貧民於是隣邑加丁榮獨加地至今榮河徭銀獨輕卒之日訓其子曰立身惟節義節義有虧博學宏詞寧足尚耶

李嵩進士御史神宗稱其直按吳時値吳大饑力疏請賑神宗覽疏動容立發四十萬賑之後因救御史劉光復忤旨左遷湖廣副使未任起河南道巡撫登萊陞南京戶部侍郎所著有按吳疏草撫登疏草醒園文集行世

郭俊彥拔貢通渭知縣殫力圖治聲籍關西

郭俊義拔貢陞涼州知州爲民平盜以身殉難

李峹恩貢潛心理學祀鄉賢所著有書經述尊樓集

楊干階字緄我庠生潛心理學厭薄紛華不以功名介意惟尚靜養結廬城東講太極西銘諸書以益魚窩草自適弟子從學甚衆歷四十年不履市井不入公衙

聶邦憲父漢元娶郝氏生邦憲繼娶樊氏生明憲明州明院樊氏竊三百金以遺母家漢索之弗得怒幽于别室弗令食邦憲跪于三弟曰舅家之銀不可得將柰母何共合銀以出吾母三弟弗能從也乃搜私囊得金二百八十兩呈之父曰此前銀也父乃令母出後憲子孫繁衍登賢書者二鄉人以爲孝行之報以下

孝義

成思忠世有潛德自高祖至思忠七世同居共爨庭無間言鄉邦稱爲義讓之門有碑存焉

國朝聶黄耳舉人考授知縣未任博學能詩雅好静養

郭巍然　援貢授肇慶府通判署四會又署新興惠政洽民以親老乞休

周卜祉　字水心有光之孫丙午舉人煥之子家學淵源博洽能文以歲貢授祁縣訓導

郭嶷然　廩生淡於世情潛心理學所著有河洛經世中庸衍義等書

趙廷蓋　廩生事薾兄五十年如一日甘貧力學端方耿介

茹而馥　幼年喪父孝養孀母承懽膝下從無懈志年二十九歲失偶因有子女即誓不再娶母之縫紉饔飧皆身爲之恐娶婦不諧有拂母意也年近古稀母尚在孺慕如兒時

張國泰　有膂力時爲北門練總康熙元年九月日晚有羣寇越城入守門者盡爲所傷泰横身禦之連發三箭賊無不應弦仆者居民得保無恙

孫希昇　九齡失怙奉孀母賀氏歲荒採薬以給母養遭寇亂負母潛逃棄妻子不顧母卒廬墓三年至

於拾金不昧掩骨埋胔皆人所難

潘衍渭　庠生奉繼祖母李氏繼母郭氏克盡孝道有從叔父潘毓鰟甫生即孤母亦寡渭與之同居凡服食供奉無不時給稍長即延師以教之鰟年雖幼渭事之唯謹敦睦敬愛邑人稱之

潘源湛　庠生朝夕奉親無不承顔順色父病延醫一晝夜行三百里親有養子雙瞽湛體父母心奉之數年無惰容里人公舉其孝

丁夢輔　孝事父母始終不怠其婦李氏從夫之志敬養兼至姑久病氏晝夜侍之不少假寐

樊鶴筭　孫天慶以上割股

猗氏縣

明孫達洪武十七年復行科舉達首與選聯進士志尚卓然不樂仕進與同年黄子澄鍊子寧吟咏見志靖難兵起鍊黄族誅達入山益深子孫莫知其處

王瑛鄉貢倫子字玉潤聰穎絶人七歲能文十九聯捷授庶吉士賜歸完婚三山林誌爲文以送之因痛孫達遯世匿名憂患成疾卒

荆翮幼穎悟端嚴弱冠受業薛文清門遜志力行文清嘆曰行吾道者南縣兒也中正統丁卯鄉試卒業北雍下帷講誦户外屨舄至終日無倦容馮巖朱紳孫逢吉樊世傑爲世名臣皆其門人邑人宋鈞宋震皆受業以詩顯而暢發其道者震居多焉任臨清州同知多惠政祀名宦孫晏貢仕茂山衛經歷

翟敬字行簡進士檢討與權貴不合家居數年改補休寧知縣平徭役釋疑獄清刻之操人所不堪陞任

去休民搆遺
愛亭祀之

王璽字荆玉以茂才高等中弘治戊午鄉試辛未成進士時年頗長或誚稍諱笑曰未事君先欺君耶除行人承命出使廉介自重世宗在藩邸冊封宴會常儀悉卻世宗特心識之轉僉事監兵寧夏慶藩官校害民璽摘伏強梁遣戍五十餘人王語人曰王僉事剛正不屈真山西人巡撫張潤身特薦重用會丁内艱徒跣就道軍民遮留號哭震地服闋除榆林兵備以疾乞休歸田十有五年足跡不入城市世宗入承統詢及璽而當路無力薦者時惜其才之未盡云卒年七十九塟不克舉至撤屋以充焉

潘銓少未事學問年二十適市中部使者前導突過策令從役大以爲辱慟告于父母欲就師讀書父母謂其年已長則慟曰人患無志耳寧問年乎此生不學不如無生於是往就學桃花洞中晝夜攻苦三年遂補博士弟子員正德戊寅以文學貢于鄉由固原經歷陞臨淄令以清勤著聲後家居醇謹讓業于伯兄戒子弟

母以氣夌人人
稱長者舉鄉賓

何尚德字汝修鄉賢鴻臚濟之曽孫天姿穎異於墳典多所披閱壬午鄉試經元歷任同知祀金州名宦並祀鄉賢子東夏貢除官不赴東璧中式東序爲中丞

何尚賢尚德弟字如思甲辰進士歷南部郎爲延安同知城守有功擢漢中知府擒劇賊何勉致仕歸家居莊嚴子任雖貴相見必肅侍不懈謝交游宴會非弔問未嘗出閭子東麟東鳳

杜漸字于逵嘗從學于客令宋震經書子史皆貫穿如流壬午舉人薦仕齊東令補商城令肅宗南巡中貴索供億不遂中傷落職商民扶老攜幼犯蹕請留不許立祠祀焉

楊時芳字道亨四歲能辨四聲十歲以童子謁邑令賈口試青燈夙負青雲志應聲對曰赤縣長懸赤子心令搿首嗟異弱冠舉庚子鄉薦任寶坻知縣邑生子多奄芳嚴禁之隆慶時遷慶陽別駕督餉寧夏中貴

人捕銀魚止傳舍怒其不剌謁擠之芳曰以此受汚芳香多矣當往西塞或言其地荒凉奮然曰萬井鹹水一陌沙蔥正吾着力處也及歸恬淡自處止留二石硯云

郭希湯字汝懋少孤家貧讀書仁壽寺補廩生攻苦不倦一時士子雲從任汝亮何東鳳俱出其門晚年不務時名緬闕自適著四書易經日錄性理三書一覽律呂應問若干卷子孔殷孔固皆以文學貢于鄉孔殷歷任教授孔固任蕭臺知縣以清介稱曾孫九會康熙巳酉解元九同登康熙庚辰科進士

任汝亮字伯寅壬子經元王戌成進士授戶曹督餉榿城渡河墜僕投下援之日昃舟人駭譟忽備僕躍出神色晏然或問溺狀曰若有巨木載者舟人以纜度水深百尺許駭以爲神故事餉有羨多歸郎乃疏請修學宮吏白當加後人何曰吾耻獨爲君子令後人以清白相襲也隆慶初臺省覈太倉出內數不相應被逮暨前二人乃具疏廷辯中貴宗臊大奮曰大朝法紀可賂免耶衆錯愕退覽疏釋之改兵部出守泉州未期年

多與績被讒左遷與國卒于官其侔朱正色亟治喪具
櫬資以歸

何東序號肖山丰姿傑特弱冠聯魁鄉會廷對初授戶曹椎臨清關以廉潔稱歷郎中督餉遼陽特疏劾總兵楊照田籍起補刑曹清執猶昔出守嶽州躬履行陣礦賊悉就擒創婺郝縣績四城嶽人懷焉以逆犯羅文龍贓事有不悅者索瘢中之御史宋勳力白其事移守衢州更剏江關二城尋遷易州兵備副使值駕大閱獻詩上嘉之擢撫榆林出紅山塞大捷陞副都御史會丁內艱廬墓三年先是備兵易州華亭與新鄭忤華亭在告特疏請留新鄭御之會以憂歸遂不復出矣筮仕才二十三歸田才四十八懸車幾四十年不忘邊務著益知兵書一百卷多出古人意表以詩文自娛著九愚山房集九十七卷工鍾王法爲時所珍晚年右腕無力代之以左著佐右集若干卷字更奇放歿後直指請于朝勅賜祭葬祀鄉賢

何東麟字崇仁博學能詩文善與人交晚年鄉貢未赴選卒弟東鳳丙子經元

令狐景雲字元慶性孝友制行醇謹精岐黃理活人甚衆有報者公曰吾非術士却弗受二子廷瓚廷器皆以淳謹聞孫鏓錕曾孫一槐一栢一模一楩四世孫濬泌注五世孫永爕永輝永年永觀列科貢者四世九人游泮宮者五十餘人

令狐鏓字仲平幼工文從御史孫月巖受尚書旁通易理往來河汾河東書院與蒲坂王重雅楊俊民稷山梁綱爲文章四友嘉靖乙卯與子同科壬戌就試南宮奏鏓經學有師法爲確山教諭甲子授朝邑令多異績歷陞合州知州致仕性至孝母楊病疽親調藥洗之著性理纂要五經巾箱大學衍義日抄若干卷刊家禮集要保生心鑑行于世子一槐

令狐錕字大任讓產焚券周急扶危常畜鵝張姓失鵝誤認不與較赴飲隣莊醉或來扶探袖中物匿之雖覺終不言其人其隱惡如此長子一栢廩生封文林郎孫泌字儼若丁酉舉人甲辰進士授嵩縣知縣嵩

民誦爲神君曾孫來煇戊午舉人任新城知縣三子一謨𫄨懷磊落生平嗜薛文清讀書録身體力行且以教其二子

令狐一槐字子徵幼穎悟乙卯父子同科由教職累遷浙江副使所在有治聲處鄉人油油然若不知其貴接待後進一如班行子濬例貢孫燮丙子舉人汲縣知縣

陳力字子列中戊午鄉試授澄城知縣勤心撫字民困日蘇轉保定通判督餉懷來部使倚如左右手子三重長治訓導弟情澄城教諭

張問明字子明幼警敏十歲工文大司馬王忬行縣河東署弟子員曰是子且有海内名壬戌成進士授光山令光土沃民剽多椎埋爲姦盗明置之法其風遂息三年徵爲御史嘉靖末大司農調度不給使者分部督趣民急已甚西南諸省郡又採木困絶㟲奉命按湖川雲貴疏請罷一切不急再按三吳世族横虐者直

繩以法無少遜後忤新鄭引病歸

張嘉賓入上舍爲福山丞雅不樂敲朴遂棄官歸季子問德官通判孫煥乾舉人官知州

米萬斛家貧隱居不仕明經術教授生徒知名士多出其門號曰古坡先生

耿顯世字汝光隆慶中恩貢兄弟四人同居翕樂無間授河水令藹蒐炊藜不異家居俸餘悉分三弟秩滿當遷尋罷褰帷授徒力田餬口嘗笑語同志曰陶淵明有五柳不爲貧吾無柳可栽豈不視陶差勝耶

王國瑚字夏器十二歲以神童補博士弟子員十九歲中萬曆癸酉鄉試滯公車者二十年乃登進士授行人陞延安知府辛酉秋酋長吉能擁部落十餘萬入安塞口直薄郡城環攻七晝夜埤上矢石雨下復出奇臧壯級十八顆酋知有備遁去榆林總兵杜文煥提師觀望未加一矢撫軍竟以解圍之功歸杜報捷而守土斬獲匿不以聞尋遷肅州兵道即投牒乞免御史練國事特疏薦之冢宰張問達以直道難容題叙前勞擢

光祿寺少卿癸亥請嚴値權璫竊柄决意引退會差齎餉江西事竣歸里拜疏乞休而匪類側目竟以誣劾削籍崇禎元年凡以不附逆璫奪秩者均蒙環召以年近懸車引禮不出惟講學著書自娛祀鄉賢有六窮擬行于

世

衛廉字汝潔丙子鄉試中式就教擢翰林待詔歷戶曹郎監兌山東河南羨鏹毫不染指擢貴州副使土俗苗獠雜處逼餽大吏多以卻餽啓釁乃卻餽如故而綏輯有方諸酋服其長厚卒無反側督撫咸倚重焉尋轉大叅引年

致政祀鄉賢

劉以平字體衡祖銘父珍世有隱德里人司收糧者夜失金以其父珍同寓疑之珍傾貲代償不與校

闞處士重其義以長女字之後女病瞽處士雅慕其世德不欲以廢女配及婚飾次女往既入門見無病容疑之詢媒氏乃知因正言曰瞽女吾婦也棄之不義且恐速其死矣次女既歸吾家無遺還理即妻弟以寬可也

遂更迎贅女時女果泣涕求死家人驚救不違聞夫家
親迎至乃觧邑至今傳爲美談以平巳卯庚辰聯捷授
主政權稅河西務同曹以地汚咸避獨喜曰汚在人豈
在地耶往以水櫱自厲人服其操差理大通橋車戶舊
貸庫金不能償大司徒欲扣糧追補時霖雨舟糧將絶
無敢言者特抗論曰吾方恤困未遑寧責償乎遂忤指
出充潞藩傳潞有濟瀆廟每歲男婦會集王欲往觀樂
而觀置兩刀靴中以懼諫者平竟叩馬止之王悔悟敬
公如師又條陳十事王嘉納之擢滇少叅攝七篆督備
清戎課吏折獄咸辦兩臺驚相謂曰若此才品胡令久
羈梁園耶土酋阿克等嘯聚猖獗殘破郡邑乃設奇勦
之滄洱以安堵晉苑馬寺卿致政歸弟以寬早卒撫孤
姪過於己子田宅必擇
善者人共高其誼焉

荆州俊　字章甫垠孫巳卯經元癸未進士除長安知縣
考廉平上第爲御史扁署謝客遇事有棘難衆
莫敢發侃侃論之如請止貢金花劾貂寺諸奸貪不法
狀臺閣生風會執政子爲同年友欲引重乃以嫌遠之

及外轉山東叅議值蝗災忤撫軍謝病歸遼壓告急臺省交薦起補遼左監兵道攺寧夏臨鞏副使皆借材應變也奎騎大入乃喋血戰各鎮觀望不救部使以失律咎之旨不允轉補臯蘭九年洞悉邊務松山延袤幾二千里爲我咽喉地酋長賓兎父子竊據其中因設奇蕩滌之大小十七戰皆捷降番二萬有奇丁憂歸起莊浪監兵不出再起井肅廵撫廟堂倚重爲西藩保障焉拜刑部侍郎遘疾卒勅諭祭塟祀鄉賢子華國以廕授通政司經歷光國選貢歷任衛輝同知

荆州任　字彌寸司寇弟也以副榜貢授長治敎諭倉吏王俊以糧數萬額遺累瀕死乃捐俸二十兩與之得生俊感欲以其女侍爲側室拒不納曰吾哀汝代人受過故捐俸救爾若以市私惠受而女非義也仍付十金遣之隨中巳卯鄉試年逾五旬由敎職授高第人謂陰德之報云歷山東東平知州

喬應甲　字汝儁舉戊子鄉書壬辰進士爲襄陽推官多平反楚俗繁訟爭就質成焉不憚權貴恭道與

語不合即拂袖起曰推官行李一擔足矣某道改容謝之擢御史多所建白按兩浙鹽課商多賂中使者因繫治其一二清豪右侵占蕩田數百頃會以府宰故家居五年撫按各疏薦改浙江道巡南城禁投舖華下便之歷任陝西巡撫右都御史天啓六年謝事歸著半九亭集盖取行百里者半九十以警末路之難也嘗過平定州目擊饑荒鬻子女者絡繹于道特捐重貲賑濟活幼子一千四百餘州人德之建生祠

杜思望號友山壬辰進士授文安知縣縣故多閹族驕横戾民乃絕其交際有過輒繩以法或不悛公曰天威不違咫尺會與汝面折彤庭耳縣有破田歲薙蘆可貨數百金往者皆入私槖獨不收曰文安之物還之文安牒請上官克本縣幇差支用百姓立石頌之

郭昂字民望性孝友國學生除興平丞多惠政値凶荒設法賑恤祀名宦再補渭南丞子鎬銓鎬薤仕復得興平父子相繼興民咸戴德焉

張應徵號亭一別駕至化子甲午解元乙未進士初任三原知縣陞兵部主政歷正郎時有鐵職方之稱遷大名兵備副使尋遷遼監軍道未任病卒祀鄉賢

張士俊號秀峯中庚子鄉試聯辛丑進士授新野知縣累遷戶曹郎遷隴右道創設陳倉守禦以備不虞攝洮岷道篆督戰御西寧寇歷陞川南兵備副使祀鄉賢

王春禎字元復七歲父置膝上指示河圖數言下明了及見洛書即問圖書異同之故父大奇之萬曆癸卯經魁丁未進士初授行人奉使楚肅二藩常餽悉卻之公舉鄉賢

張煥乾更名熇乾字斗如別駕問德子巳酉舉於鄉初仕長葛令不遏請謁不避豪右建磚城民樂赴功值初度邑衆謀爲壽力謝之即以醵金作敵臺爲葛永鎮時兵荒土寇乘間竊發一日賊兵數千薄城下人心皇皇獨以靜鎮之督率守陴六晝夜遣練總韓犢等率民兵夜擣其虛誅殺數十人賊解圍去乃益嚴斥堠

遠偵探設鄉兵賊無敢犯移開州隨調薊州別駕告歸痛弟早世無子撫二姪女如已出外孫喬士容纫失怙教養之至于成立

荆王土號養田壬子經魁明末寇氛壓境突有閹宦擁兵數千至西門時漏下一鼓矣知縣李將開門納之傾城錯愕土毅然當門諫曰昏夜真僞莫辨脫有不虞能獨免乎令恚投幘抵之不顧拔佩刀砍地云合城性命危在須臾若必奪門頸血濺公矣令亟謝乃止城中賴以安堵

馮守禮字約中初誕冋卿劉近塘夢馮氏門有正氣扁異之謂禮父曰此子必樹非常以族侄女妻之爲諸生時縣令賈某編審兄守仁充里長以本里絕亡丁多令將朴之禮趨前曰兄無罪釋之是秋賓興榜放得薦會有疑獄令謂訴者得馮孝廉剌獄可釋也訴者懷多金致令指禮曰成我者賈公也而又因以爲利敗孰甚焉弗許授平定學正有葛誼纏兄弟爭貲相訟誼纏愧金峻卻之且爲開導友讓之義二生感泣息爭丁

憂服闋補莒州學正陞萊蕪知縣癸未東兵入境或先發家口出城厲聲曰家口發則民無固志城誰與守兵至圍攻不克逾五日雲梯遍豎遂陷守禮乘埤誓二子攄奇拱奇曰我父子致命今日必死于戰勿就戮辱國也東兵登城諭降守禮揮刀直撲二子翊之擊傷甚多東兵引彊攢射守禮數中流矢乃趯踊呼號捧刀自殺二子亦自殺沓伏父尸東兵咋指壯之後巡按余題請卹蔭

衛庭芝字德馨潛心易學每曰程朱說書唯慮晦者不顯今學者尋章摘句反欲舍顯就晦何也庚子貢于鄉授阜城訓導生平最重祭禮創修族譜歷任數年雖病中恒手訂訛漏不輟

荆琨字汝石號玉峯少聰敏博極羣書尤長于子史叩之即應學使者凡七試七冠諸生性端愨恬淡嘗授經學于宋震得文清語錄讀之動輒不違任清水訓導歷武功諭西寧教授以明道爲巳任勤教育善課導如李時芳康岑皆其成材也家居謝交游教子孫嘗曰承家不在名位而在不失其身持身不在文譽而在不

愧于心時稱名言及卒門無雜弔之賓祀鄉賢季子來庭

喬繼宗字崇德仕淄川訓導教諭門人多顯達歷任教授歸里鄉居不入城市縣苦累徭役父老祈一言嘆曰吾何惜半張楮不救此一方民也投書百獎立觧祀鄉賢子梓貢孫應甲官至都御史曽孫挺秀皆貢拱秀子壯受康熙癸卯舉人

喬梓字子芳貢于鄉覃恩封如子應甲官應甲按淮嚴徽官邪屬吏悚惧或餽夜金至家不受仍移書侍御不欲暴白其事萬曆己酉歲薦饑捐資爲粥厰活饑民甚衆更給冬衣布花者六百五十人倣張忠定公遺意減價糶穀中年失偶不再娶著鰥夫論以明志鄉黨宗族罔不高其誼祀鄉賢

荆芸字世馥父瀛洲爲山陰王府典膳芸每遊學館聽讀書歸輙能言諸生所誦父嘗令學稼曰稼祖業乎曰非也祖故業儒乃喜而毅然以繩武自任與三兄析爨不問生産而惟攻讀書應歲貢陝州司訓峭直不

諳于俗與州守議不合嘆曰咫尺若隔煙霧矧重閽乎即挂冠歸晚著春秋要旨

王櫝號培菴恩貢霍山知縣捐俸代完舊逋民多德之居鄉寬厚愿謹遇荒賑濟全活者衆

荆來庭字子楊號紹峯貢于鄉授汾州訓導嘗自箴曰守得一敬字終身可無過言笑不苟衣冠整肅儁豎過之亦斂容毋戒子弟曰父師所教吾無敢負若曹勉旃惜早卒

李貔字仲誠以詩文名世隱德不仕

荆克敬號石泉陝西都司經歷所任不以家隨惟攜一蒼頭給饌上官器重之攝篆郡邑口碑藉甚

衛邦直字汝弼操履純篤庚申貢士歷代府教授二世俱以易學顯時與荆氏詩何氏春秋俱稱經學世家云

陳國柱號願銘年未週支應對若流登萬曆癸卯賢書署高平教諭課多士如子弟一時人文蔚起陞

延長縣令致政歸三十餘年淡素自井義方垂訓著四
書易經道學傳行于世
郭銓字衡山庠生博學端方屢舉優行祀鄉賢曾孫四
維順治丙戌丁亥聯捷官陝西參政
閻養醇號復我帶經負耒力學不輟四壁蕭然處之宴
如年幾三十始有室辛酉中亞魁仍甘貧株守
鄉人若不知爲孝廉也任榆次教諭甫三月丁憂歸以
哀毀成疾卒
荆可立號卓峯膺歲薦不仕崇禎七年凶荒割學資廪
祿煑粥濟衆晚年詩書自娛足不履市祀鄉賢
荆可棟字象隆戊辰進士由行人擢南科嘗疏請免本
縣逃故丁額及平陽加派銀二千有奇邑人立
碑紀德焉又輸金倡修西城月門立廵鋪建文昌閣築
重城一週凡火器兵備一一修餙城守以完
王巖禎字惟肖國瑚之次子也庚午登賢書不樂仕進
潛心理窟毅然以倡明斯道爲己任庚辰歲大
祲出粟賑貸所全活者無算立觀生書院三河人士聞
風嚮往即童蒙幼學莫不耳提口授及門諸士卒皆砥

礪名行彬彬儒雅掇元魁洮清要者接踵而起著四書人物彙考周易圖説性理增删四十卷

耿應昇號一如庚午舉人性直方工詞賦敦行守道絶跡公門耕穫菑畬皆躬親之嘗有詩云萬里雲霄意百年畎畝身那知漢陰丈亦是武陵人

張璞號荊山辛酉拔貢歷官陝州知州貌奇蘊古負俗獨行著金臺逸詩籌海代言若于卷

王震仲貌魁梧有膽畧以武會副除許庄堡操守防禦有功累遷真定府中營遊擊時臨贊邢西一帶土寇猖獗官兵屢爲所挫震仲單騎臨賊諭以大義降者數千易州告急保督檄催救援銜枚夜趨獲諜者知敵意向入城戒邏卒閒譬勿譁譁者斬黎明哨騎突至攻無備也俄爾陴上旌旗森竪寂無人聲敵稍卻發礮擊之踉蹌遁去時畿南地方相繼告陷惟易安堵以功進本營副總兵保督楊文岳待以國士帷幄機密悉商之建牙河間府督團練事值叛將任國奇率衆四千盤踞泊頭鎮横行剽掠震仲欲剿之時闖賊寇沭標兵盡

赴調援乃懸賞募步卒三百爲後勁率親丁四十騎夜擣賊營賊錯愕奔竄自相踐踏殺傷甚多天明步卒失期賊始知爲孤軍覘其黨圍之數重震仲躍馬奮呼突圍轉戰自辰至酉帶矢如蝟北向呼曰臣力竭矣復力戰死闔郡官民爲之喪氣

原自新號銘盤以歲貢授潞安府訓導溫恭愿慤士林鄕慕甲申僞權將軍入潞安授新原官新引疾不就徒行歸里

王約　父早亡母牛氏遘風疾不能動履二十餘年約朝夕扶侍躬侍湯藥母亡廬墓正統二年建坊旌爲孝子後姪安及子龍繼登鄉科　以下孝義

王良卿　字國忠性孝友兄弟七人同居子姪指繁和順無間言貢于太學值兄以疑獄羅辟時寓燕邸日夕焚香祝天隣舍生屢見而異之詢知爲兄寃也後其人按山西獄釋之人咸服其積誠所感云祀鄉賢

曹循祥字永輿庠生篤孝友父癱二十餘年朝夕侍起居進飲食值地震亟呼父曰起起父忽自窓躍出如常人癱遂愈延齡九十餘卒人咸謂孝感所致事兄雖白髮猶敦稍長之敬鄉黨有相詰輙求質無情者望廬而返耻爲曹君所聞知焉

王守魯借里人粟二千石遇年荒遂焚其券子明德明道俱忠厚有父風

衛東郊字子開性木訥不事交游有恂謹君子之稱二弟分產以完屋授之自取空址一區僅營數椽人多其能讓

侯寅嘉靖二十八年大荒寅代納一里糧楊世京輕財重義

荊一書號西坡萬曆九年輸粟千石賑荒授義官

陳志剛七世同居明初陳伍生大大生盖盖生恭恭生選選生志剛志剛生淮凡七世幾百口同爨一

釜容石餘後雖析居猶共留其釜

喬岩號雲臺庠生父南川著性理通鑑二書日抄若干卷總角時即能研悉默誦教授生徒多所成就槩不計謝嘗于廟中見遺金俟其人至付以原囊其人欲分金爲謝笑而卻之又一夕盜竊其驘鬻于下任鎮市適經行其地驘忽奔鳴僕前市人譁執竊者視其人知愧悔以善言諭遣之他日遇羣盜于途乃竊驘者前曰喬公吾恩人也不得輕犯護送里餘而去

荆可標字儀我幼喪父事母至孝母病疫躬侍湯藥盛暑四十餘日衣不脫體撫孤侄弘祚教訓成立祀鄉賢

荆世承庠生孝友直方好義濟人崇禎十三年大饑盡出其家粟以賑窮之約二千餘金

陳湛念號澹寧隱居教授創建石橋

喬翠秀經明行修凡事俱從忍讓

國朝喬虞建字仲升幼失父母事祖父母以孝聞兄唐建早卒撫孤姪過于己子甲子登鄉薦甲申逆闖過縣僞令脅邑紳迎之公獨避匿條山不出後檄授僞官堅辭之順治十五年署樂平教諭立學規訓課諸生不問束修有以禮來者聞其貧則復還之著四書淺說刪補若干卷

王應元字貞復甲戌進士歷任御史嘗以本縣丁數缺額徭役重累請蠲歲減丁銀二千四百兩有奇己丑戊寅間萑苻竊發大兵撲滅而餘孽不悛流毒地方自之當事用兵剪之一方安堵加惠桑梓没世不忘

許光斗字碧辰愿謹質朴以歲貢任鄜縣知縣值賀賊亂後城郭俱燬捐俸修理不擾里甲又以川餉本色運道艱再三申請易爲折色鄜民德之歸里後仍舌耕爲業出門唯一驢一僕人稱清品

荆世爵字從修少年登己卯鄉薦庚辰進士授諸城令歷臨清守後補大理寺副陞浙江巡海道值海

寇倡獗調蒲漢兵數萬造大小戰船數千艘搆芻茭竹頭木屑盡以責委應之裕如也隨同勦舟山賊與有功

焉遷河

道副使

順治甲午拔貢永

觀康熙丙辰進士

令狐注字伯方壬午亞魁官漳浦知縣耿介直方遇事能申公論著四書訓詩韻辨音十二卷子永年

衛紹芳字循箴邦直曾孫年十八毅然以絕學自任手錄程傳及薛文清王文成二先生書一言一動皆必取準順治乙酉丙戌聯捷授尉氏令兵創後城郭署校盡燬乃程功庀材百廢俱興行取兵部主政陞補福建漳南道僉事時賊與贛兵多相依爲姦乃察營兵私行刼掠者數人即召其將鞫實誅之兵民懾服贛撫佟國器特疏薦焉永定數十年逋寇倚山爲亂廼按成牲檄令往勦至則相地形決水灌之遂皆被執陞川北道參議郝承裔反全蜀震動總督李國英檄令就道哨知承裔未叛成都笑曰賊無能爲矣兼程至嘉定督餉

協勷三月郝寇平敘功加一級陞貴州督學浙江海道
致政歸著有小學家訓四書心悟五經闡微性理體會
通鑑綱目續删若干卷子既
齊癸卯甲辰聯捷仕至黔撫

喬震蕃　字篤生中己卯鄉試順治丙戌進士爲鉅野令
華羨銀陋規蠲免河夫工役土寇圖城悉心守
禦甞令各門置大瓮注水一夕賊焚城門傾水救之火
盡熄又令備土囊板門于城土城堞有損即竪門楦囊
如堞口形更出奇畧乘賊不備出擊殺傷無筭遂觧圍
去自鉅野以東皆得安全無虞子士增甲辰進士

陳毓秀　字含南父國泰庠生以孝友稱毓秀克繼父志
事繼母馬至孝荒歲施金施粟全活無筭及無
金粟可施不惜牛羊土地以救其急終不討償庠歲薦
任平遠衛訓導子基命力田帯經叔侄兄弟三世同居
無間言自國泰毓秀至基命世有孝行俱祀鄉賢孫綸
綍皆成進士

陳孳念　字起登延長令國柱第四子陳氏衣冠在邑中
爲最久至孳念敦崇古道質心質行不爲繁文

虛讓而和氣坦衷人人歸厚副榜貢考授通判改都司
經𤼵仕廣西服除補江南所至恪勤乃職不以閒冷自
怠長子澄度中甲午科舉人任湖廣臨湘知縣有惠政
季子洪度歲貢生以文行重里中孫悳健乙酉舉人悳

肅庚午

經魁

郭向宸字葵一歷逸希湯之孫蒲臺令孔固仲子也績
學工文受知學使袁繼咸儀於庠益肆力問學
前輩舉以一息千里期之值逆闖亂以宦裔勒餉貲蕩
産羅荼毒慨然曰是尚可以干祿乎哉年未強仕即罷
科舉業移居縣之西鄙茅舍數椽早食後袖一編獨往
涑溪柳林深處靜觀微吟抵暮乃歸及二孫觧句讀乃
閉門督課手集四書講義凡三易藁未嘗以寒暑間斷
年五十四次當歲貢感疾卒平生謹厚淡泊鄉居後足
跡不履城市未嘗一識邑侯之面翛然物表饒有處士
風格人稱克繩祖武焉長孫九會已酉觧元次孫九同

庚辰

進士

王含真字寅若孝廉巖楨之子乙卯中式丙辰進士薦舉博學宏詞試畢卽歸道聞父訃遂未受職詳見葉弘

綬傳

衛旣齊字伯嚴號爾錫副使紹芳之子性好讀書年十九領鄉薦甲辰成進士選庶吉士授檢討庚戌分校禮闈所得士多躋位卿相者丁巳以遵例陳情調霸州判攝固安永清平谷三篆所至有實政戊辰服闋特擢山東布政使入爲順天府尹陞左副都御史巡撫貴州慨然有澄清之志值黎平府苗變遂至用兵議者劾其不善和輯逮繫赴京黔民泣送者千萬人旣荷寬典發置黑龍江坐土屋中手一編若忘其爲謫戍者踰

歲

賜環委修永定河及高家堰捐貲助工勞心課役卒於淮

上葉弘綬爲之

傳詳見藝文

卲嗣堯字子昆由庚戌進士任臨淄知縣服闋補栢鄉會盜殺人寘之法上官劾其誣良後事白直撫

于成龍薦授清苑令行取江西道御史調直隸守道特擢江南學院甫按三郡以勞卒於官同官斂貲歸其櫬祀名宦鄉賢邑令葉弘綬爲之傳詳見藝文志

喬壯受字心益中丞應甲孫剛方自矢嫉惡如仇癸卯舉于鄉授陽信知縣下車刻意釐剔清保甲嚴竊盜有逆子毆庇其母聞報飛騎詣其家立刻杖殺之藁尸以警衆明決之聲乎于百里上官聞之相謂曰德以格盜實未易言守土者舉如喬令亂萌何自作哉按察使于成龍欲舉以當上考因俸未及格遂中止忽遘疾七日卒邑人戴其澤崇祀名宦丈夫子七人皆能以學行嗣其家已成名者于濬乙酉舉人于溱丁丑進士江西萬年縣令于沆乙酉解元

荆文學字在中由副榜貢授武定州判事母以孝聞居喪三年無笑容不與聲色讌會士林稱之

李瑞龍生員性純篤父年老事之甚謹先意承志郎埀孟溺器必躬奉之父安其養雖時就養伯仲而

寢處恒依季子
閭黨稱其孝云

喬士增字益其少聰穎年十八舉于鄉甲辰成進士筮
湖南之安仁令值吳逆煽亂未抵任城陷增從
賊中走間道詣湖北軍前督師奬其忠觧衣衣之從征
者咸推重焉增念父不逮養大父春秋高亟圖侍養遂
引病歸後以例補直隸交河弭盜戢旗猾民賴以安
癸酉分校順天鄉試秉公忤當事止中四卷皆貝字號
負名貧士又不善事上官計叅不及例鐫級乃絶意仕
進囊無一錢泊如也歸而創建宗祠課子姪讀書間寄
情詩歌食貧十餘年而卒蓋增孝友人也父鉅野令早
世以孫代子職最得大父懽心待胞弟文學士逵從弟
學使士容高要令士适備極誠懇視諸從子如子生平
無機心無妄語人推厚德云

陸紹祖字成緒庠生性孝友父母喪俱廬墓兄弟析爨
美產讓兄自甘淡泊子運際運禧俱登進士雖
以子貴朴素醇謹不
異寒士以下孝義

潘毓僑字力田爲人真朴剛方學殖宏博試高等補增廣生顚屢蹶場屋慨然曰士以濟物爲志古有願爲良醫者吾安能終老斷簡中與蠹魚作緣乎乃攻岐黃術究心内經句詁字釋久之貫通方藥多出新意往往奇中活人無算所著有本草類通歌括及傷寒全畧解子文林登乙酉賢書

邵國昇慷慨好義舊小甯村兵荒之後人民死亡逃散村社爲墟錢糧仍累里甲聚訟數年不決昇捐金粟募民開墾更訴于縣令陳素抱免税二年鑿井築垣更名陳建庄舊每里開報富民實充倉吏者止一人而各里多至破産昇訴于縣令高向極從公議定合縣屋一名免其逐里開報至今稱便

王國正幼孤貧不能娶子身奉孀母備孝養兵亂負母逃難陷賊營賊感其孝釋之比母終廬墓號泣

順治十三年巡按高爾位題請旌表

張志奇己丑之亂父東昇母潘氏久病在床伯父東泉伯母史氏亦俱耄艱于步履志奇以次負出城

外鞔車遠逃免于難後父母相繼亡伯父母亦死志奇孤身舉四喪竭力營塟終歲行傭自給人多義之

李奈　張朝紀以上割股　趙從政　喬　通　李子隆

荆　澍　何東觀　荆州傑　荆邦余　衛　文以上輸穀

賑饑

萬泉縣

明袁泰洪武四年開科登進士授羅山縣丞十八年擢都察院試僉都御史遷左副都御史處心廉正執法不移理枉伸冤杜除民害及卒上深悼之遣使祭焉

袁得才洪武中薦人才授米脂縣尹宣明政教仁化大行

張文中洪武中冠縣知縣蒞政公平惠卹鰥寡勸民孝弟民思慕之

王瓚父庭寧晉知縣瓚少有才名舉成化甲午鄉試授即墨知縣廉潔鯁直事至立判卒于官幾無以爲殮人甚悼之

李軏有孝行親死廬墓三年正德中授江西南康照磨值流賊陷郡城守臣皆遁軏獨死節幕下妻暢氏與子俱死

黃連字續之慷慨有志節正德中湖州府檢校陞大興縣主簿流賊犯境連率民壯及家衆禦之以強弩射數人賊夾攻之死于陣事聞贈大興縣知縣遣官諭祭祀忠義祠

賈仁元進士歷縣令部曹出知保定府多善政陞山東臨清兵備副使陝西西凉糧馬左參政以邊功賜金帛歷陞山東臬藩廵撫陝西延綏以邊功賜金帛蔭一子世襲錦衣衛千戶復其族入錦衣衛官籍爲政崇尚節儉置鄉約所察屬會集講説忠孝事實化誨愚頑使比戶可封内陞兵部左侍郎協理京營戎政常侍經筵三疏乞休奉温旨念卿素有清望多効忠勞着加兵部尚書馳驛回里賜金帛有加仍食從一品俸在里數月卒遣官諭祭諭葬給墓田七十畝保定延綏俱入名宦本邑入鄉賢生平偉器長才自釋褐歷樞府清節著聞武功文教昭垂關陝者十年擘畫便宜邊境寧靜朝野賴之

董汝漢字昭夫嘉靖辛酉舉於鄉乙丑成進士筮仕咸寧令歷任樞部司武選屏絶苞苴請托者屏跡

備兵西寧酋長懾威邊以無事由臬司晉左右轄會當路者修郄喉言者中傷之怡然拂袖歸居鄉二十載加惠閭黨待以舉火者百餘家

范學顔 舉人歷陝西按察司僉事分巡隴右耿介正直愛民禮士招撫王老虎剿滅一杆鎗撫按交章特薦及闖賊陷城賊衆迫見僞帥毅然曰殺即殺耳何以見爲賊帥義之不忍加害絶粒不食者七日士民號泣慰之乃强食數百人荷耰鋤累糧糗衛其歸者相屬于道

馮倬 舉人青縣知縣潛心理學嘉惠後進範躬正直服官清慎廹罷歸田里仍以裁成後學爲已任

王臣 貢生鎮安縣知縣潔已愛民德政遠播

張濂 歲貢安丘主簿有惠政卒于官

陳鉞 歲貢持身剛正不諂不瀆訓子耕學不求仕進

王濂　歲貢任永平縣丞賦性知慧德量寬和事母甚孝

張岳　歲貢任三河縣主簿明敏剛果學有淵源

薛昆　鉅鹿知縣雲霄之子由歲貢任故城縣知縣奔父喪居柩側哀毀而亡

吳一極　乾隆科寧州訓導性秉剛直敦行孝友教子義方早掇

賈瑋　歲貢仁元之子鶴年之父理學淵源承先啓後

賈鶴年　仁元之孫崇禎甲戌科進士陝西長安知縣五登薦剡四膺紀祿

杜昭　祖祿中喪母繼母吳氏撫之頗厚稍長事繼母甚孝母卒廬墓三年　以下孝義

楊祐　生員以孝稱

高舉　少失怙事母甚孝後以歲薦入京離母數月憂思而亡

賈珍仁元次子增監生輸粟賑饑置漏澤園

杜麟昭之姪七歲亡母及長遊庠撫異母弟甚厚父卒廬墓三年後任郃陽丞以廉自持祀鄉賢

王寵字君愛性剛介母卒廬墓

國朝王景震字四知順治戊子舉人壬辰會副任長安縣知縣耿介有守沉毅有爲居官清愼自矢赴任祝河神曰震若虐民酷吏苟取一錢惟神有靈勿令東渡刦暮金絶請托釋無辜鋤強豪訓俗以仁讓爲本課士以德行爲先種種善政具載西安誌中祀鄉賢

史鵬貢監授河南虞城縣知縣治虞多英畧強豪屏跡廢墜立舉性與時違不合而歸

馮夢麟歲貢任歸安縣丞寬仁端謹

杜燈歲貢武鄉縣訓導渾厚眞誠訓廸有法

薛之彬　性至孝十四歲喪父哀毀不食者七日任濟陽知縣招集流亡祛除民害三載不受一錢致仕歸無以僃騎乘布衣蔬食與教授生徒時無異也入名宦本縣祀鄉賢以下孝義

馮錫祉　幼業儒性至孝父母相繼癱患祉供奉七載湯藥親嘗禱神身代始終無怠邑人皆稱之

賈允重　庠生事繼母甚孝親喪廬墓建坊旌表

牛　讓　輸穀賑饑

河津縣

明薛貞任元氏玉田二縣教諭既而召爲侍從官進講大禹謨動上聽改滎陽縣學上親製勅奬諭以子瑄貴贈通議大夫大理寺卿

劉葳洪武中由選舉授御史以直名晝夜勤職多稱上意

薛瑄字德温貞子母齊氏夢紫衣人謁見而生五臟皆若水晶貞改滎陽教諭瑄侍行時年十二作詩賦監司奇之已而從魏范二先生講周程張朱諸書歎曰此道學正脉也遂焚其所作詩賦專心性理之學求樂已亥貞改鄢陵時教官考績以科貢多寡爲黜陟貞憂之以瑄補鄢陵諸生中河南鄉試第一人聯捷辛丑進士是秋貞有疾瑄日夜不離左右居喪一遵古禮服闋願就教職會宣廟思得良憲臣選御史出監湖廣銀場黜貪墨正風俗手録性理大全潛心誦讀每至夜分或有所得即然燭記之或通宵不寢味而樂之不知手舞

足蹈丁繼母憂服除會有言學政不舉者吏部尚書郭璡首薦瑄提調山東學校此有明一代差學臣之始也乃欣然就之曰此吾事也每臨諸生必親爲講解不事夏楚皆呼之曰薛夫子未幾用楊文貞薦召爲大理寺少卿作大理箴以自警時中官王振權傾中外欲邀拜其門正色拒之曰安有受爵公朝拜官私門耶已而遇諸塗衆行跪禮瑄獨長揖振不悦會有獄夫病死三年其妾私于人欲嫁之妻不聽遂誣妻魘魅夫死瑄辨其冤都御史王文諂事振乃誣以出入人罪繫獄當死人皆危之瑄怡然曰辨冤獲咎死何愧焉手執周易誦讀不輟至覆奏將決大臣申救得免里居六年閉門不出留心理學造詣益深正統己巳給事中程信薦起爲大理寺丞時京城戒嚴瑄分守北門督師初疑其迂及接言論遂訪策焉瑄曰以天時人事驗之彼必宵遁既而果然貴州苗叛將征之命督餉事竣還乞致仕大學士江淵疏留之明年陞南京大理寺卿有富豪殘虐人命者獄久不決或欲貸之瑄曰死者何辜竟抵于法刑部尚書楊寧都御史張純初以才力相尚及與同事嘆曰

如薛公當于古人中求之中官金英奉使道出南京公卿俱餞于江獨不往英至京言于衆曰南京好官惟薛卿耳壬申召至京復爲大理寺卿有草場火朝廷欲置典守罪力辨之獲免蘇松有饑民乞粟富室吝而不與遂火其屋蹈海以避罪時遣王文廉之文以謀叛籍其家衆皆畏勢莫敢發瑄抗章辨之文亦悟其非獲免者甚衆是歲以年近七十乞致仕不允天順元年英廟夙知其學行遷禮部右侍郎兼翰林院學士入内閣知制誥主考會試轉左侍郎居數月見石亨等竊弄威權嘆曰君子見幾而作豈俟終日乎遂引疾懇乞致仕居家八年四方學者從之甚衆惓惓以復性爲教嘗曰此程朱喫緊爲人處而歐陽公言性非所先誤矣又曰學者讀書窮理須實見得然後驗于身心體而行之不然無異于買櫝而還珠也忽遘疾彌留衣冠危坐于正寢精神不亂悠然而逝時風雷大作有白氣上升天順甲申六月十五日也年七十三歲獻徵錄云瑄之學踐履篤實之學也居恒每以聖賢爲師隨其所寓一言一動于理稍有違失便覺身心不安凡辭受取予必揆諸義

一毫不苟晚年玩心高明默契其妙有不言而悟者其出處大節光明峻潔于富貴利達泊如也接人無大小衆寡以一誠待之敎之有序而其言平易簡切不爲穿鑿奇僻之說爲文必根于理辭旨條暢所著有讀書錄河汾集弘治元年令春秋專祀于鄉隆慶五年詔從祀孔子廟庭稱先儒薛子名臣記云成化元年監丞李紳首請瑄從祀孔廟劉文安繼請從祀言瑄直躬慕古談道淑徒進無附麗退不慕戀勤學好問可謂文矣歸潔其身可謂清矣困知錄云讀書錄有云韓魏公范文正諸公皆一片忠誠爲國之心故其事業顯著而名望孚動于天下後世之人以私意小知自待其身而欲事業名譽比擬前賢難矣哉其言甚當文清蓋有此心非徒能爲此言而已孫基善詩文天順間進士官員外郎曾孫詔官知縣元孫蔡孝友廕官尚寶寺少卿嘗忤中貴劉瑾有乃祖抗王振之節云六世孫惟傑性謙冲蒞政慈愛官至陂州知州七世孫應麟舉人剛毅不狥時態歷官同知加四品服俸八世孫士弘選貢知縣

楊潤　景泰癸酉舉人歷官國子監丞從學文清公動遵程範有師門風及仕分俸養親作興士類

楊峙　字景瑞素謹慤長于詩文清公雅重之有我到城中已五日子在深山不一來之句可見其爲人矣

薛璘　天順丁丑進士由評事官至兗州知府居官清介守已無私鄉評雅重之

薛禥　文清公孫天順甲申進士官至刑部員外少穎悟善詩文

李隆　成化中進士官御史仕至四川叅政獨持風裁不阿權勢人皆高之

暢亨　成化戊戌進士官御史因忤中貴左遷涇陽令開水利多惠政民立祠祀之

邵深　由歲貢授洛南知縣清操自持剖訟無滯人皆感思之見文清公撰誌

王錄　歲貢授鹿邑知縣興學卹民雅多惠政

王演　歲貢持身廉潔勤懇誨人讓貢安貧爲人所難

趙三聘　字天民進士歷官四川副使居鄉敦篤孝弟尊崇師友任江都令均平徭役有慈母歌徙知獻縣疏浚狂瀾前後薦書凡十九上遷知禹州當去任羨鏹千金籍記付吏入拜司農郎督餉多功賜御府金者三增秩俸者一擢兵憲致仕祀鄉賢子用光成進士歷官少詹

師嘉言　隆慶丁卯舉人知寶雞縣撫字愛養洽于山谷增城樓修倉庫作新士子多所建豎陞延慶知州終同知

邵寵　字松谷隆慶丁卯舉人授甘泉知縣陞通州知州耿介嚴明

侯儒　歲貢歷順天府知事居官多善政

龐尚廉　字國維萬曆己卯舉人丙辰科進士初任內黃知縣實心實政仁愛廉明十一屬重獄無不願質成者舉卓異拜河南道御史秉正觸邪不避權貴居臺班半載疏凡五六上偘偘有直聲不附魏閹例轉河

南僉事遂引疾告休所著有
治黄判語西臺疏草祀鄉賢

王汝爲字子勉萬曆戊子鄉薦歷任陜西鞏昌府同知
居官居鄉皆有美譽子琠天啓甲子舉人

趙用光字哲臣三聘子萬曆乙未進士官至少詹掌翰
林院事兼侍讀學士居官孤介清嚴居鄉孝親
友弟與人以和不樂請託博學能文章所著有蒼雪軒
文集常典文衡名儒丘毛伯等皆出其門祀鄉賢

史記言萬曆甲午鄉薦戊戌進士授濟源知縣清幹著
聲惠政多端開永利洞口遺水利于無窮建啓
運書院培文教
于萬載祀名宦

劉有學字雨河光祿承雲第三子萬曆庚子科偕有容
同登鄉舉生平負文名而篤孝性成母病不上
春官執喪時淚盡血出專工傳註之學尤精性理大全
事詳表了凡傳中祀鄉賢

劉有綸字代言萬曆壬子舉人負至性事父至孝讓産
兄弟始終無間言常從毘陵王翼菴講學會心

理學淵源讀書晉陽書院問字履滿寄籍廣陵置講院
興教寺當事每造廬請教論終歲無私謁丙子龔城公
自南輸金獨佐邑侯李公成之晚年聲望藉甚淮撫朱
大典擬薦修實錄因官之堅謝弗可已自念仕不以其
道不可也乃謁授得桐鄉令未仕卒于家所著有四書
自言三忠詩文見心歌保甲議誠明緒言鹽法條議麟
吉渡人津諸書兩地祀鄉賢子梁嵩甲辰進士次子梁
楨俱能紹家學

郭迎褒字光忠萬曆庚午科官至昌平兵備道致仕清
介直朴守正不阿二十載節操如一日解組歸

田行李
蕭然

邵文烺字鳳衢麗之子泰昌元年拔貢山東冠縣知縣
陞處州府通判事母盡孝爲政廉明居鄉輸金

修城捐
穀賑荒

張翼舒字振之崇禎庚午經魁善讀書能文章辛巳賑
濟出粟二千石有奇

趙煇字黄如甲戌二甲進士慷慨負氣節初授户部主事剔積弊殆盡中貴憚之轉兵部郎聲望籍甚備兵薊州愛民課士口碑載道壬午城破正衣冠死于官賜光祿寺卿廕子弓祭葬季子埝生員同日殉難

暢一鵬字圖南崇禎丙子鄉薦天性孝友任尉氏知縣值流寇肆虐河南屢出奇殺賊且惠民愛士興利剔弊數月政聲四達直指特薦卓異後闖曹合大夥圍攻尉氏堅守力盡城破不屈死臨死猶一躍縛絕拾磚擊賊罵不絕口祀名宦

甯獻誠字心一歲薦任夏津訓導秉性篤孝父令高密卒于任誠扶櫬歸號泣不輟行人皆爲零淚

劉承雲官光祿署丞萬曆丁巳歲荒捐金賑濟至二千兩奉旨建坊旌表　以下孝義

趙軏歲荒輸米二千石炊粥賑饑生平資助婚嫁死葬者七十餘家

柴孟冬庠生崇禎庚午流寇突犯僧樓里村冬與子寅忠同日戰死被殺時罵賊不絕口同時忠勇之

士黄時度庠生王有光武生張體素武生史官武生盧
如棟武生任大觀武生又鄉民柴皇棟張永林原養重
馬世武史國顯皆同柴
孟冬陷陣被傷不屈死
侯鶴齡童時即知孝敬祖疾侍湯藥終年不怠母病延
醫不應因自奮學醫精研其理母賴以安又施
藥求以
壽母
杜文敬性至孝家無積蓄事親必盡滋味母卒廬墓三
年
國朝吳肇甲家貧母早世事老父繼母甘旨必備温清定
省終身無怠
周承統歲貢前壬申兵亂傷子弗顧負携父母而逃辛
巳奇荒恐饑養親順治丙戌歲薦不肯離親遠
仕隱居教授
里人稱之
杜國傑字作賓戊子拔貢任金華府通判掌東陽縣事
署府篆所至輒有惠政民甚德之陞西安府同

知甫一年脩然有歸老之志閉門課子力行善事代輸軍需以蘇民困里人德之祀鄉賢子三人長召寅拔貢生次李寅歲貢考授知縣次房寅國學生皆善承家學以謹厚稱於鄉

任之琦字介石順治辛卯鄉薦任山東掖縣知縣到日即豁除常例銀數千金民困頓蘇內陞刑部主事遷員外恭央平反號稱明允尋陞戶部郎中出知江南太平府署盧鳳道事敭歷中外垂二十年革錮弊絕餽餉袪漕規清隱占凡有補於公有利於民無不實心舉行故所至有聲年七十歸老於鄉祀鄉賢子三人曰仟歲貢考授中書曰佺太學生曰倬歲貢生皆克紹家學

吳國相　金還　李子隆　任直　晉安然　觧得求

柴彥　薛原修　吳有文　任寬　以上輸穀賑饑